KB125231

내 아이의 머리가 좋아진다는 것

HONTOUNO "ATAMA NO YOSA" TTE NANDAROU ?
© TAKASHI SAITO 2019

Originally published in Japan in 2019 by Seibundo Shinkosha Publishing Co., Ltd., TOKYO,
Korean translation rights arranged with Seibundo Shinkosha Publishing Co., Ltd., TOKYO,
through TOHAN CORPORATION, TOKYO, and EntersKorea Co., Ltd., SEOUL.

내 아이의
머리가
좋아진다는
것

사이토 다카시 지음 · 황혜숙 옮김

진정한 명석함이란

'지(판단력)' '인(성의)' '용(행동력)'으로 만들어진다.

프롤로그

    이 책을 선택한 독자 여러분과 나는 지금부터 '어떻게 하면 머리가 좋아질까?'에 대해 이야기를 나눌 것이다. 미리 말해 두지만, 이 책의 목적은 독자 여러분이 진정으로 머리가 좋아지는 것이다.

    흔히 우리는 '저 사람은 머리가 좋아'라든지 '나는 머리가 나빠서'라는 말을 많이 하는데, 그 근거는 무엇일까?

    나는 애초에 머리가 좋은 사람과 좋지 않은 사람이라는 식의 분류 자체가 잘못되었다고 본다. 내가 생각하는 '머리가 좋다'란 뇌의 상태가 좋다는 의미다. 그 방증으로 머리가 잘 돌아

가는 상태를 상상해보자. 지금까지 이해할 수 없었던 사실을 알았을 때, 하지 못했던 일을 해낸 순간,

'아, 그렇군!'

'해냈어!'

하고 머릿속에 불이 확 켜진 느낌이 들지 않던가? 그럴 때면 기분도 너무나 상쾌해진다. 반대로 어떤 문제가 잘 이해가 안 되고, 여전히 일을 해낼 수 없을 때는 머릿속 기분도 계속 석연치 않다.

즉, 머리가 좋은 상태가 오래갈수록 상쾌한 기분이 유지된다는 뜻이다.

머리가 좋고 나쁨을 다른 사람과 비교하는 것은 의미가 없다. 아무리 부러워해도 다른 사람의 뇌를 내 것과 바꿀 수는 없으니까 말이다. 우리는 오직 자신의 뇌로 살아가야 할 뿐이다. 그러니 머리 똑똑해 보이는 사람을 부러워할 시간에, 내 머리가 좋은 상태를 조금이라도 늘릴 방법을 찾아보아야 한다.

명석함은 인간에게 행복을 가져다준다. 아주 먼 옛날에 이루어졌던 진화 과정에서 인류는 살아남기 위해 어떻게 행동해야 할지 매순간 고심했고, 그 결과 지혜가 생겨났다. 인류는 뇌를 발달시켜서 살아남을 수 있었던 것이다.

따라서 명석함은 인간이 생존하기 위해 획득한 최고의 능력이며, 이는 행복과도 깊은 연관이 있다.

명석하게 사고함으로써 눈앞의 상황을 개척할 힘, 현실을 바꿀 힘을 얻을 수 있기 때문이다. 요컨대 명석함은 살아가는 힘인 셈이다.

나는 이 책에서 어떻게 해야 우리가 명석해질 수 있는지에 대해 근본부터 가르치고자 한다. 미리 말하지만, 명석해지는 방법은 사고방식을 익히는 것이다. 따라서 중고등학생일 때부터 이를 익혀서 평생 써먹는다면 당할 자가 없을 것이다.

그럼 이제부터 명석함을 기르고 현실을 바꿀 힘을 얻기 위해 여행을 떠나보자.

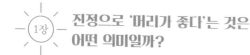

1장

/

진정으로 '머리가 좋다'는 것은
어떤 의미일까?

-☼- ——————

머리가 좋아지고 싶은
당신에게

나는 현재 선생님이 되고자 하는 대학생을 가르치고 있다. 종종 중고등학교를 찾아가 전교생을 대상으로 강연을 하기도 한다.

그런데 중고등학생들과 이야기를 나누다보면 '머리가 좋아졌으면 좋겠다'는 하소연을 많이 듣게 된다. 구체적으로 원하는 것을 물어보면 '성적이 좋았으면 좋겠다' 혹은 '내신 등급을 올리고 싶다'라며 무조건 공부를 잘하고 싶어 한다.

학생에게 공부를 잘하고 못하고는 당장 눈앞에 닥친 문제이니 그런 대답이 나올 만도 하다. 이 책을 집어든 여러분도 그렇게 생각하고 있을 것이다. 하지만 정말 그럴까?

공부를 잘하는 것에 관해 잠시 생각해보자.

물론 공부를 잘하는 사람 중에는 태어날 때부터 머리가 좋은 경우도 있다. 이들은 굳이 열심히 공부하지 않고 수업만 잘 들어도 척척 이해한다. 교과서만 한 번 쓱 읽어도 머릿속에 내용이 쏙쏙 들어온다. 그러나 어디까지나 이런 유형은 극소수에 지나지 않는다. 게다가 그렇게 되고 싶다고 될 수 있는 것도 아니다.

즉, 공부를 잘하는 사람 중에서 노력하지 않아도 잘하는 경우는 극소수일 뿐이다. 공부를 잘하는 이들의 대부분은 실제로 제대로 공부하는 이들이다. 꾸준히 노력하는 사람인 것이다.

시험에서 좋은 점수를 받으려면 수업 시간에 배운 것을 이해하고 기억해서 다시 꺼내 쓸 수 있어야 한다. 그러기 위해서는 평소 착실히 예습 복습을 하거나, 시험 기간이 다가왔을 때 집중해서 공부하는 등 의욕적으로 노력해야 한다.

누구나 자신이 좋아하는 것은 열심히 노력할 수 있다. 그런데 왜 공부만큼은 좀처럼 그런 마음이 들지 않을까?

사실 학창 시절의 나 역시 마찬가지였다. 내가 좋아하는 것에는 집중해서 열심히 할 수 있었지만, 공부는 정말 싫었다. 그런데도 중학교 입학시험부터 고등학교, 대학교, 대학원 입학

시험까지 남들보다 훨씬 많은 '입시 전쟁'을 치르는 삶을 살아왔으니 정말 사람 일은 알 수가 없는 것 같다. 정말 나는 왜 그런 가시밭길을 걸어왔을까?

눈앞의 벽을 뛰어넘지 않으면, 벽 너머에 있는 내가 하고 싶은 즐거운 일을 할 수 없다는 사실을 절실히 깨달았기 때문이다. 나는 벽 뒤에 숨어 있는 즐거움과 자유를 얻고 싶었다. '그렇다면 해내야 한다!'고 각오를 다졌던 것이다.

분명한 것은 이렇게 눈앞의 목표를 하나하나 완수하면, 처음에는 부족했던 노력하는 힘까지 충분히 기를 수 있다는 것이다.

따라서 무엇보다 동기를 명확히 하는 것이 중요하다.

'나는 무엇을 위해 공부를 잘하고 싶은가?'
'나는 왜 머리가 좋아졌으면 좋겠는가?'

여러분 스스로에게 자문해보라. '친구들에게 인기를 얻고 싶어서' 혹은 '부자가 되고 싶어서'라는 동기도 좋다. 그 동기가 여러분 자신을 움직이는 진정한 원동력이 되어야 한다.

공부를 잘하면
머리가 똑똑한 걸까?

여러분은 매일매일 학교를 중심으로 생활하고 있다. 그러다 보니 아무래도 시험 점수나 성적, 내신 등급 등으로 평가를 받게 된다. 즉, 모든 것이 숫자로 표시되는 생활을 하고 있다. 그래서 공부를 잘하고 못하는 것이 마치 명석함을 판단하는 절대적인 척도인 것처럼 여겨질 것이다.

과연 그럴까? 절대 아니다.

실제로 학생 신분이 끝나고 사회인이 되면, 명석함을 측정하는 척도는 갑자기 확 바뀐다. 단순히 공부를 잘하는 것이 아니라, 사회에 적응할 수 있는 능력이 명석함의 지표로 바뀐다.

물론 공부를 잘하는 것은 훌륭한 일이다. 못하는 것보다 잘하는 편이 당연히 좋다. 하지만 공부를 잘한다고 사회에 나와서도 반드시 명석함을 인정받을 수 있는 것은 결코 아니다. 사회에 얼마나 잘 적응하는지가 훨씬 더 중요하다.

가령 일류대학을 나와 좋은 직장에 취업했지만 주변 사람들과 제대로 의사소통을 못해서 당장 무엇을 해야 하는지조차 제대로 파악 못하는 이들도 많다. 그러면 "공부는 잘했을지 모르지만 쓸모없는 녀석"이라는 소리를 들을 수밖에 없다. 여태까지 '공부 잘하네', '머리 좋네', '대단해'라는 칭찬만 들었는데, 사회에 발을 내디딘 순간 자존심은 바닥으로 가차 없이 추락하고 만다.

심지어 우리는 고학력 소유자가 사회적으로 높은 지위에 앉아서 불법을 저지르는 뉴스를 자주 접한다. 이들은 '나만 좋으면 그만'이라는 이기심에 아무렇지 않게 법규를 어긴다.

이처럼 아무리 공부를 잘해도 인간으로서 해도 되는 것과 안 되는 것을 구분하지 못한다면, 근본적으로 머리가 좋은 사람은 결코 아니라는 뜻이다.

현실 사회 속에서
어떻게 적응해 나갈 것인가?

반면 학창 시절에는 공부를 싫어하고 성적도 좋지 않았지
만, 사회에 나와서 엄청난 활약을 하거나 큰 성공을 거두는 사
람도 얼마든지 있다.

그렇다면 이들의 재능은 어른이 되면서 갑자기 꽃피운 것
일까? 그렇지 않다. 유년기 때부터 시험 점수나 학교 성적으
로는 측량하기 어려운 다른 방식의 명석함을 지니고 있었던
것이다.

새로운 것을 고안해내는 상상력이라든지, 남을 기쁘게 하
고 용기를 북돋아주는 뛰어난 의사소통 능력 같은 것은 학교
성적으로 결코 알 수가 없다. 그러나 이런 사람들이 발휘하는

명석함은 '현실 사회에서 어떻게 잘 적응하고 살아갈 수 있는 가?'라는 문제를 해결할 수 있는 최고의 능력이다.

그럼에도 여전히 많은 학생들이 단순히 공부를 잘하고, 성적이 좋은 것만으로 명석함을 이야기한다. 하지만 이것이 절대적인 것은 아님을 명심하자.

학교를 졸업한 후 살아가는 데 필요한 명석함은 사회적 적응력이 얼마나 우수한가에 달려 있다. 지금은 평균 수명이 늘어서 성인이 된 뒤에도 50~60년 넘게 살아야 한다. 따라서 학창 시절의 공부보다 훨씬 더 오랜 시간을 보내게 되는 사회에 적응하는 명석함이 진정으로 필요하다.

그렇다고 공부 따위는 필요 없다는 말은 절대 아니다. 공부는 명석함을 기르는 기초 훈련이기 때문이다. 공부를 할 수 있는 환경, 그러니까 학창 시절에서는 반드시 열심히 공부를 해야 한다. 공부를 게을리 하면 그 후의 삶이 고될 확률이 높기 때문이다.

살아가는 힘이
중요하게 된 이유

실제로 학교 현장에서도 학력 지도 포인트가 달라지고 있다. 지금까지는 단순히 지식을 배우고 익혀서 그 지식에 바탕을 둔 문제에 답할 수 있는 힘을 중시해 왔다. 하지만 최근에는 사고력, 판단력, 표현력이나 개개인의 학습 의욕 고취를 중요시하는 방향으로 교육이 전환되고 있다. 예를 들어 다음과 같은 것들 말이다.

- 스스로 생각해서 자신의 의견을 확고히 하고 남들과 대화할 수 있는 능력
- 문제를 발견하고 스스로 탐구해서 연구해보는 자세를 취하

는 능력

• 주체적으로 대화하면서 심도 있게 배울 수 있는 능력

이런 추세로 학력을 측정하는 기준도 변하고 있다. 지식이 내 것이 되었는지는 필기시험으로 쉽게 알 수 있지만, 스스로 생각하는 기초가 확립되었는지는 기존의 필기시험으로는 테스트하기 어렵기 때문이다.

그래서 특정한 정답이 아니라 자신의 생각을 논리적으로 풀어내는 논술을 작성하거나, 자신의 장단점을 스스로 고민하며 포트폴리오를 작성하거나, 면접 시험이 점점 늘고 있는 것이다. 스스로 생각하고, 자기만의 표현을 할 수 있을 때 사회에 진출해 활용할 수 있는 명석함, 즉 살아가는 힘으로 이어지기 때문이다. 여러분이 익혔으면 하는 것 역시 바로 그런 능력이며 명석함이다.

다시 강조하지만, 머리를 좋게 한다는 것은 살아가는 데 필요한 힘을 기르는 것이다. 학생 여러분이 지금 이 순간에도 열심히 공부하는 이유가 여기에 있음을 명심하자.

아무리 노력해도 머리가 좋아지지 않는 사람은 없다. 누구든지 노력할 수 있는 힘은 가지고 있다. 따라서 어떻게 해야 여

러분이 능력을 향상시킬 수 있는지, 어떤 점을 주의해야 하는 지가 이 책의 주된 포인트라고 할 수 있다.

신체적 능력도
명석함의 하나다

정상급 운동선수가 맹활약하는 모습을 보면, 우리는 흔히 '우와, 머리 진짜 좋은데!'라고 감탄을 터뜨리곤 한다. 어떻게 그런 굉장한 경기나 연기를 펼칠 수 있는지 감탄을 터뜨리는 것이다.

진짜 어떻게 몸을 예술적으로 잘 움직일 수 있는 것일까?

정답은 뇌에서 그렇게 지시하기 때문이다. 우리의 뇌는 말로는 도저히 설명할 수 없을 정도로 복잡한 몸의 움직임을 완벽하게 파악하고 민첩하게 움직이도록 명령한다. 매 순간순간 신속하게 움직이도록 지시한다. 그래서 몸을 잘 사용하는 사람은 머리도 좋다는 것이 나의 지론이다.

운동뿐만이 아니다. 춤을 잘 추는 사람이라든지, 뛰어난 실력을 지닌 음악가도 마찬가지다. 전통 무용 등의 예술 세계에서 활약하는 사람들도 대단히 머리가 좋다. 몸을 절묘하게 움직일 수 있다는 것은 머리와 몸을 신속하게 연동시킬 수 있다는 뜻이기 때문이다. 그만큼 신경회로가 매우 잘 발달했고, 그러한 머리를 쓰는 방법이 우수하다는 뜻이다.

실제로 갈수록 뇌 과학 연구가 발달하면서 '축구 뇌'라든지 '야구 뇌' 같은 운동선수의 능력과 뇌의 작용을 연구하는 이들이 늘고 있다. 그러면서 최고의 선수가 될 수 있는 사람은 머리를 잘 쓴다는 인식도 확산되고 있다.

그러나 학생들을 살펴보면 공부에 집중하느라 서클 활동을 소홀히 하는 경우가 대부분이다. 하지만 서클 활동에 집중하는 것도 머리를 좋게 해준다는 것을 알아야 한다.

실력 향상이 빠른 사람을 관찰하면, 어떻게 하면 더 빨리 달릴 수 있을까, 어떻게 하면 더 좋은 패스를 할 수 있을까, 어떻게 하면 득점 기회를 잡을 수 있을까, 몸을 빠르게 회전시킬 수 있을까…… 등등 지금 무엇을 해야 할지를 늘 연구하는 것을 알 수 있다. 즉, 근육 운동이라고 할지라도 아무 생각 없이 막연히 몸을 움직이고 땀만 흘린다고 다 되는 것은 아니다. 지금 무엇을 위해 어느 근육을 키우고 있다는 의식을 가지는 것이 중요하다는 뜻이다.

나는 운동이나 각 예술 분야에서 활약하고 있는 사람을 인터뷰하거나 대화할 기회가 많은데, 한번은 올림픽에서 금메달을 딴 해머던지기의 무로후시 고지(室伏広治) 씨와 인터뷰를 한 적이 있다. 그리고 이렇게 한 분야에서 정상의 자리에 오른 사람들과 대화를 하면, 정말로 머리가 말끔히 정리되는 듯 정갈한 느낌을 받게 된다.

그들은 늘 '어떤 점의 향상을 위해서는 무엇이 필요한가?'를 생각하고, 자신이 지금 해야 할 일을 제대로 파악하고 있기 때문이다. 지금의 자신에게 필요한 최선의 길을 찾고, 과제에 어떻게 임하면 좋을지를 알고 있는 것이다.

즉, 무언가를 잘할 수 있기 위해서는 센스와 함께 습득력이 필요하다. 실제로 최고의 선수들은 센스도 있지만, 습득력도 굉장하다. 명석함은 길러진다는 사실을 알려주는 좋은 예다.

☀ ——————

앞을 내다보는
능력이 필요하다

　앞서 말했듯이 몸을 써서 민첩하게 운동할 때, 명석한 사람은 자신이 다음에 무엇을 하면 좋을지를 잘 알고 있다. 이처럼 성공하기 위해서는 눈앞의 한순간만 잘해서는 안 된다. 다음, 그다음으로 이어지는 앞으로의 일을 내다보고, 순간순간 지금 무엇을 하면 좋을지를 파악해야 한다.

　이러한 앞을 읽을 수 있는 예측력은 생물에게 매우 중요한 생존 능력이다. 위험한 적이 코앞에 왔을 때야 눈치 채는 것보다 미리 알아채는 편이 더 빨리 도망갈 수 있거나, 여러 대처 방안을 구사하는 데 유리한 것처럼 말이다.

　무엇보다 앞을 계속 예측하면 지금 이 순간에도 잘 움직일 수 있게 된다. 어떻게 하면 잘할 수 있을지, 강해질 수 있을지, 이길 수 있을지를 계속 고민하기 때문에 지금 이 순간에도 잘할 수 있는 것이다. 이렇게 목표를 성취하기 위해 지금 무엇을 해야 좋을지 생각하는 것은 굉장히 머리가 좋아야 가능한 일이다.

바둑이나 장기도 그렇지 않은가? 자신이 지금 놓는 한 수로 상대방의 다음을 예측할 수 있다. 자신이 이렇게 하면 상대방은 어떤 수를 둘 것인지, 다음 수를 두면 상대방은 어떻게 나올 것인지 앞을 내다보며 싸우는 것이다.

자신이 지금 무엇을 하면 좋을지 알고 있는 것. 그것을 염두에 두고 다음 행동을 취할 수 있는 것. 그것이 바로 명석한 삶의 방식이다.

물론 중학생 무렵에는 '장래의 일을 생각한다고 해도 어른이 되는 건 아직도 먼 일이다'라고 생각하는 경우가 많다. 그러나 구체적으로 생각하는 것을 포기해서는 안 된다.

장래의 일을 생각한다는 것은 그저 꿈을 꾸는 것이 아니다. 지금의 자신과 장래의 자신 사이에 길을 만들어 나가는 것이다.

아주 작은 점 하나라도 좋다. 그 점 하나를 찍으며 조금씩 앞으로 나아간다고 생각하는 것 자체가 중요하다. 하나의 선은 무수한 점으로 이어져 있다. 하나하나 작은 점을 찍어나감으로써 선이 만들어지듯이 지금의 행동이 장래와 이어지는 점이 되는 것이다.

예를 들어 의사가 되려면 당연히 의대에 들어가야 한다. 그러나 의대에 들어가는 문은 바늘구멍보다 비좁다. 그래서 의사를 목표로 심지어 중학생 때부터 준비를 시작하는 학생들도 많다. 반면 앞으로의 일을 그다지 생각하지 않고 중고등학교 시절을 보내다가 대학을 선택할 때가 되어서야 '아, 의사라는 선택지가 괜찮아 보이는데!'라고 갑자기 의대를 목표로 해도 입학하기는 쉽지 않다. 열심히 공부하지 않으면 들어갈 수 있는 의대가 없다는 사실을 뒤늦게 깨달은 사람이 있다면, 지금까지 너무 생각이 모자랐다는 얘기다.

즉, 자신이 목표하는 방향으로 몸과 마음을 다 기울여야 한다. 점 하나를 어떻게 찍느냐에 따라, 그리고 그 점을 어떤 방향으로 찍느냐에 따라, 그 후에 선이 나아갈 방향이 달라지기 때문이다.

앞으로의 일이
얼마나 보이는가?

어렸을 때부터 목표를 가져야 미래를 향해 에너지를 쏟을 수 있다.

예를 들어 프로 운동선수를 꿈꾸고 있다든지, 전문적으로 악기나 노래를 배우고 있다든지, 기타 자신이 원하는 분야에서 프로가 되기를 꿈꾸는 학생들을 떠올려보라. 실제로 그들은 목표에 가까이 다가가기 위해서는 어떤 방법이 있을지, 어떤 길을 가면 좋을지 진지하게 생각한다. 그러기 위해서는 어떤 학교로 진학하는 것이 좋을지, 지금 무엇을 준비하면 좋을지를 심지어 초등학교, 중학교 때부터 파악하고 움직인다.

이때의 꿈, 혹은 직업의 종류와 귀천은 아무런 의미도 없다.

요리사가 되고 싶다든지, 애견 미용사가 되고 싶다는 꿈을 꾸고 있는 학생도 있다. 이들은 어느 학교에서 기술을 배우면 좋을지를 구체적으로 고민한다.

그러나 하고 싶은 일이 없는 학생은 시간을 막연하게 보내기 쉽다. 앞으로 일어날 일을 구체적으로 그려내지 않기 때문이다. 그런 학생일수록 자신의 가능성을 좁히지 않도록 주의해야 한다.

만일 자신의 장래에 대한 목표가 확실하게 정해져 있지 않다면, 우선 어떤 분야로든 진출할 수 있도록 준비를 해두어야 한다. 무슨 뜻인가 하면, 공부라도 해두어야 한다는 것이다. 실제로 그것이 학교 공부를 하는 주요한 의미 중 하나다.

무엇을 하면 좋을지 몰라 고민이라면, 일단 공부를 하라.

뭐든지 될 수 있도록 폭넓은 지식을 쌓아두는 것이다. 그것이 막연한 미래에 대해 여러분이 할 수 있는 최선의 대비다. 미래의 자신을 위해 지금 할 수 있는 일을 하자. 미리 투자한다고 생각하면 된다. 마음을 터놓을 수 있는 친구와 장래에 대해 대화를 나누는 것도 중요하다. 진지하게 이야기하면서 장래에 대한 준비를 착실히 해나가는 사람이 되어야 한다.

스스로 가능성을
좁혀서는 안 된다

장래의 가능성을 최대한 폭넓게 남겨두자.

'이제 어떻게 할까?' 자신에게 묻는 순간이 왔을 때, 여러분의 앞에 선택지가 여러 개 있는 게 좋다.

예를 들면 수학을 못하는 학생은 '수학 같은 건 하고 싶지 않아'라고 포기하기 쉽다. 중학교에서는 고를 수 없지만, 고등학교에서는 수학을 어디까지 이수할지 고를 수 있다. 그러나 지금 수학이 싫다는 것만으로 간단히 포기해버리면, 훗날 대학에 진학할 때 이과 학부에 들어가고 싶어도 가능성이 줄어들 수밖에 없다. 화학이나 물리도 마찬가지다.

따라서 당장은 잘 못할지라도 포기하지 않고 계속하다 보면 선택지로 남을 수 있다. 스스로의 가능성을 좁히는 일을 해서는 안 된다는 뜻이다.

대학에 들어가는 편이 좋을지 고민하는 학생에게 나는 "무조건 가는 편이 좋아요"라고 충고한다. 예를 들어 막연하게라도 선생님이 되고 싶다고 생각하는 학생이 있다고 치자. 그렇다면 그 학생은 교육 과정에서 필요한 것을 배워야 하기 때문에 어느 대학에 갈지를 고민하지, 진학할지 말지를 망설이지는 않는다.

반면, 대학에 갈지 말지 망설이는 학생은 장차 자신이 무엇을 하고 싶은지 정하지 못한 경우가 대부분이다. 하고 싶은 일이 구체적이지 않거나 집안의 경제적인 사정이 그다지 여유롭지 못하기 때문일 수도 있다. 그러면 '고등학교를 졸업하면 취직하는 편이 나을까?'라고 생각하기 마련이다.

경제적인 문제도 있기에 간단하게 말하기는 어렵지만, 하고 싶은 일이 확실하지 않은 학생일수록 오히려 다양한 가능성을 준비하고 펼치기 위해 대학에 진학하는 편이 좋다.

고등학교를 졸업하고 취직하는 것과 대학을 졸업하고 취직하는 것 중 고를 수 있는 직장과 평생 연봉을 고려한다면, 대학을 졸업하는 편이 유리한 것이 현실이기 때문이다.

물론 금전적 여유가 없다, 장학금을 받아도 그것을 갚을 자신이 없다고 생각할 수도 있다. '장학금'이라는 미명 하에 빚으로 계속 고통 받는 것은 싫다고 말이다. 그러나 아무리 그래도 대학에 가는 편이 먼 안목으로 보면 정답인 경우가 많다.

하고 싶은 일이 확실하게 있다면 전문대학에서 전문적인 지식이나 기술을 배우는 것도 좋은 일이다. 그러나 하고 싶은 일이 확실하지 않을 때는 대학에서 배우면서 생각하는 것도 좋은 방법이다. 다시 한 번 강조하지만 앞으로의 가능성은 최대한 펼쳐두는 편이 좋다.

좋아하는 일만 하면서
살아갈 수 있을까?

운동이라든지 음악이라든지 좋아하는 일에 집중한다고 해
도 그것으로 무조건 프로가 될 거라고 생각하는 사람은 많이
없다. 그저 좋아서 하는 사람이 대부분이다.

마음껏 좋아하는 일을 하고 싶다고, 그것만 할 수 있다면 마
냥 즐거울 것 같다고 생각할 수 있지만, 현실은 그리 호락호락
하지 않다. 누구나 다 그 중간에서 고민하고 괴로워하는 게 현
실이다.

열심히 해서 프로 운동선수가 되었다고 해도 문제가 없는
것도 아니다. 스포츠 세계에서 활약할 수 있는 기간은 제한되
어 있다. 보통 일반적인 직업은 30~40년까지 계속할 수 있지

만, 스포츠 선수는 전성기가 35세 정도까지인 경우가 대부분이다. 결국 은퇴 후의 인생을 어떻게 할 것인가, 하는 문제 역시 일찌감치 생각할 수밖에 없는 것이다.

물론 좋아하는 일, 정열을 쏟아부을 수 있는 일은 너무나 소중하다. 하지만 좋아하는 일만 하면서 살 수 있는 사람은 기본적으로 없다. 나는 그렇게 생각한다.

예를 들어 평생 좋아하는 게임만 하면서 즐겁게 살고 싶은 학생도 있을 수 있다. 실제로 내게 이런 말을 하는 학생이 있었다.

"부모님이 부동산을 남겨준다고 하니 저는 월 10만 엔 정도만 벌면 됩니다. 나머지는 계속 게임이나 하면서 살고 싶어요."

부모가 집에서 먹여주고 재워주고, 전기세도 내주니 이대로 부모가 80~90세까지 살아주면 자신은 계속 게임이나 하면서 살 수 있다는 것이었다. 그는 그런 삶이 좋고, 행복이라고 내게 말했다.

그런데 어느 날 그에게 좋아하는 사람이 생겼다. 그래서 그는 결혼이 하고 싶어졌다. 그러자 이전까지와는 전혀 다른 마음이 생겨나기 시작했다. 부모에게서 독립해 한 가정을 이루고 싶어진 것이다. 결국 그의 마음속에는 '제대로 된 일을 해야

겠다'는 생각이 싹텄다. 이처럼 사람의 마음은 현실 상황이 변하면 어떤 식으로든 변하기 마련이다.

인간이기 때문에 마음은 자꾸 변할 수밖에 없다. 이렇게 마음이 변했을 때 '아, 그때 공부 좀 해둘 걸 그랬다', '미래를 위해서 더 열심히 할걸 그랬다'라고 후회하지 말아야 한다. 그럴 때 가능한 한 곤란에 처하지 않도록, 어떻게든 원하는 것을 할 수 있도록, 지금 이 순간 할 수 있는 것은 어떻게든 해두어야 한다.

즉, 앞으로 마음이 어떻게 변할지 모르는 상황에서 장래에 대한 선택지를 최대한 줄이지 않을 수 있도록 해야 한다. 자신이 품은 가능성의 싹을 자르지 않아야 한다는 것이다. 그것이 그때그때의 현실에 맞서고, 현실을 바꾸는 힘이다.

지인용(知仁勇)을
목표로 하라

앞을 읽을 수 있다는 것은 어떤 의미일까? 예를 들어 퀴즈 방송을 보면, 문제를 끝까지 듣지도 않았는데도 답을 추리해서 재빨리 버튼을 누르고 답을 맞히는 일이 있지 않은가? 이는 그야말로 앞을 읽는 힘이 있기 때문이다.

지식은 단편적인 잡학들을 연결해서 생각할 수 있는 힘이 있기 때문에 그런 일이 가능하다. '이 문장 뒤에 이어지는 것은 틀림없이 이런 질문일 거야!'라고 예측할 수 있는 것이다. 이처럼 우리는 기존의 지식을 토대로 퀴즈 문제의 문맥을 읽어서 예측할 수 있다. 앞을 읽는 힘이 순식간에 발휘되는 것이다.

그러나 퀴즈 문제로 앞을 읽는 연습을 아무리 많이 해도 인생이라는 현실 문제에 대해서도 그런 능력을 발휘할 수 있을지는 알 수 없다. 둘은 별개의 문제이기 때문이다.

나는 현실에서 앞을 읽는 데는 명석함이 중요한 요소라고 생각한다. 앞으로 일이 어떻게 전개될 것인지 미리 꿰뚫어보는 것을 '선견지명'이라고 한다. 앞을 내다보는 눈을 가지고 있는 것이 중요하다는 뜻이다.

그러기 위해서는 지금 자신이 서 있는 곳에서 몇 년 후의 자신을 잘 파악하고 각각의 점을 한 줄의 선으로 이어나가야 한다. '지금 편하게 지낼 수 있느냐 없느냐' 하는 것만으로 모든 것을 판단해서는 안 된다는 뜻이다. 눈앞의 현실에만 휘둘리지 말고, 앞날을 생각하는 습관을 들여야 한다.

나아가 머리를 좋게 하기 위해서는 의지와 정열이 중요하다. 정열적인 의욕을 가지고 임해야 한다. '어떻게 해서든지 이뤄내고 싶다!'는 강한 욕망이 있는 사람은 '지금 무엇을 해야 할지'를 진지하게 생각할 수 있기 때문이다.

진정한 지적 능력, 즉 지성이란 지식이 있는 것만을 뜻하지 않는다. '지(판단력)', '인(성의)', '용(행동력)' 세 가지 요소를 갖추고 있는가가 중요하다.

- 지(知) : 지식뿐만 아니라, 중요한 본질을 갖춘 판단을 할 수 있는가?
- 인(仁) : 다른 사람에게 성의, 배려를 가진 대처를 할 수 있는가?
- 용(勇) : 실제로 행동을 일으키는 힘, 용기가 있는가?

'지인용'을 갖추기 위해서 우리에게는 의지와 정열이 필요하다.

진정한 명석함이란
'지(판단력)', '인(성의)', '용(행동력)'으로
만들어진다.

2장

/

무엇을 위해
공부하는 것일까?

배운다는 것은
즐거워야 한다

'나는 왜 공부를 해야 하는 걸까?'

중학생 정도 되면 누구나 한 번쯤 이런 의문이 들기 마련이다. 문제는 '미래의 가능성을 넓히기 위해서'라든지 '살아가는 힘을 기르기 위해서'라는 말이 선뜻 피부와 와닿지 않는다는 것이다. 수학 방정식을 풀면서도, 고전 문학을 읽으면서도 '이것이 과연 일상생활에서 필요할까? 아닐걸?'이라고 생각하기 쉬운 것이다. 하지만 그런 의문이 앞으로 나아가는 힘에 제동을 걸어서는 안 된다.

'이런 공부를 하는 게 무슨 의미가 있을까?'

'이런 건 도움이 안 될 거야.'

이와 같은 공부에 대한 부정적인 이미지는 의욕을 꺾을 뿐이다.

그럴 때면 초등학교 시절을 떠올려보자. 반짝반짝 빛나는 새 가방을 들고 학교에 가는 것이 얼마나 가슴 설레었던가? 그때도 공부를 지금처럼 싫어했나? 집에 돌아와서 "오늘 학교에서 이런 것을 했어요!"라고 부모님께 신이 나서 이야기하곤 하지 않았나?

초등학생은 뭐든 궁금하다. 자신이 모르는 것, 해본 적 없는 것에 대한 호기심으로 가득 차 있다. 이것은 원래 누구나 새로운 것을 알아가는 것에 흥미가 매우 강하다는 것을 뜻한다.

배우는 것을 원래부터 싫어하는 사람은 없다. 그러나 나이를 먹으면서 언제부턴가 호기심보다는 싫다는 느낌이 강해지기 시작한다. 계기는 여러 이유 때문이다.

- 수업이 따분하고 재미없다
- 숙제를 하는 것이 귀찮다
- 시험 점수가 좋지 않다
- 집에서 공부하라고, 숙제하라고 귀에 못이 박히도록 듣는다
- 선생님이 싫다

• 누가 더 잘하는지 다른 사람과 비교 당한다

이러한 부정적인 경험들이 '공부 따위 재미없어, 싫어!'라는 쪽으로 자신을 몰아가는 것이다. 결국에는 잘하는 과목에만 호기심이 생기거나, 아예 공부 이외의 것에 빠지곤 한다. 그와 함께 '공부하는 것에 무슨 의미가 있을까?'라는 의구심이 들기 시작하는 것이다.

☀ ──────

공부하는 것의
의미

그러나 목표가 뚜렷한 사람은 부정적인 의문에 휘둘리지 않는다. 장차 무엇이 되고 싶다, 그러기 위해 대학은 어떤 학과에 진학하면 좋고, 지금 무엇을 해야 할지 순서를 생각하느라 바쁘기 때문이다. 지금 해야 하는 공부(설사 미래에 별 도움이 되지 않으리란 의심이 들더라도!)에 반드시 의미가 있다고 생각하는 것이다.

하지만 구체적인 목표를 찾지 못한 학생은 마치 안개 속을 헤매는 것 같다. 자신이 무엇을 해야 좋을지 모르기 때문에 공부해야 하는 이유도 찾지 못하는 것이다.

그렇다면 그냥 단순히 '머리를 좋게 하기 위해'라고 생각하면 어떨까?

이제 이 말이 단순히 시험 점수나 성적, 내신 등급을 올리는 뜻이 아니라는 사실을 알 것이다. 이것은 머리 회전을 좋게 한다는 뜻이다. 머리는 절대 저절로 좋아지지 않는다. 스스로의 힘으로 좋게 만드는 것이다.

공부는 자신을 발전시키는 최강의 훈련이다. 자신의 가능성을 넓히기 위한 훈련이라고도 할 수 있다. 무언가를 배우고 새로운 것을 하나 더 알게 되는 것은 전혀 나쁜 일이 아니며, 따라서 긍정적으로 받아들일 수 있다. 이는 마치 '역할극 게임(Role-playing game, 컴퓨터 게임의 하나로 어떤 줄거리의 전개를 가정하고, 사용자가 게임에 나오는 여러 등장인물의 행동을 지시하면서 진행된다-옮긴이)'에서 자신의 캐릭터 스테이지가 상승하는 것과 같은 느낌을 줄 수 있다.

의욕은 나중에 생겨나기도 한다는 사실을 아는가?

의욕이 있다는 것은 열심히 할 수 있다는 뜻이다. 의욕이 있으면 어떤 일이든 힘껏 분발할 수 있다. 하지만 전혀 의욕이 없을 때도, 포기하지 않고 꾸준히 하다 보면, 뇌가 그 자극을 좋아해서 점점 더 의욕이 생겨나기도 한다.

실제로 뇌에는 이러한 메커니즘이 있다. 예를 들면 영어 단어 외우는 숙제를 마지못해 시작했지만, 머리에 쏙쏙 들어와 눈 깜짝할 사이에 끝낸 적은 없었는가? '이 정도면 얼마든지 더 많이 할 수 있다'라고 생각해 본 경험은 없었는가? 하지 않으면 안 돼서 시작했지만, 어느새 싫었던 공부가 재미있어지는 경험 말이다. 이것이 바로 의욕이 앞서는 것이 아니라, 하다 보니 의욕이 생기는 것이다.

'해야 하기 때문에 한다!'
'의욕을 만들러 간다!'

이런 마음가짐이나 방식도 하나의 공부 방법임을 명심해야 한다.

설레는 마음과 정열을
갖기 위해서는?

인간은 나이에 따라 마음가짐이 변하게 된다. 초등학생은 대부분 그때그때의 기분과 열정으로 움직이지만, 중학생이 되면 '꼭 해야 한다면 하지 뭐!'라는 마음이 생길 수도 있다. 공부를 좋아하지 않지만 친구가 가니까 학원도 덩달아 가고 싶고, 고등학교 입시도 부모가 바라는 대로 막연하게 해보자는 마음이 생겨서 할 수 있다. 이런 마음을 꼭 부정적으로 바라볼 필요는 없다. 이는 부모와 함께 도전하는 것이며, 자신의 힘과 함께 가족의 종합적인 힘이 결합된 것이기 때문이다.

문제는 고등학생부터 시작된다. 고등학교에 입학한 후에는 부모가 아무리 뭐라고 해도 스스로가 내키지 않으면 절대 공부하지 않는다. 결국 자신이 어떻게 임할지에 달려 있다는 뜻이다.

다시 말해 고등학생쯤 되면 '왜 꼭 공부를 해야 하지?'라는 의문이 들기 마련인데, 이때 중요한 것이 바로 자신의 의지다. 누가 시켜서 한다는 기분이 들면 마음속 어딘가에서 반발하고 싶은 마음, 도망가고 싶은 마음이 생기기 때문이다.

따라서 아무리 해야 하기 때문에 하는 것일지라도 누군가에게 강요받아서 하는 것이 아니라, 자신의 의지로 한다고 생각하는 것이 중요하다.

그러기 위해서는 무엇이 필요할까?

호기심이다.

어릴 때는 누구나 가지고 있던 모르는 것에 대한 흥미, 설레는 마음을 회복해야 한다. 학생은 영어로 'student'라고 하지 않는가? 이 말의 어원은 라틴어로 '열의를 가진 자, 열심히 임하는 자'라는 뜻을 가지고 있다. 즉, 'I am a student'라는 문장 속에는 '나는 학생이다'라는 뜻 외에도 '나는 공부에 열의를 가진 사람이다'라는 뜻이 담겨 있는 것이다. 꼭 기억하기 바란다.

재미있어 하면
재미있는 일이 늘어난다

내가 어렸을 때는 인터넷이라는 것이 존재하지 않았다. 재미있는 일에 대한 정보는 TV나 라디오, 혹은 잡지에서밖에 알수 없었다.

나는 중학생이 되면서 라디오 심야방송을 듣기 시작했고, 그러면서 처음으로 서양 음악을 접했다. 무슨 말인지 알아듣지 못했지만 서양 음악은 어쨌든 너무나 멋있었다. 서양 음악을 듣고 있으면 내가 마치 어른이 된 느낌이 들었다.

지금은 초등학생 때부터 영어를 배우기 시작하는데, 당시에는 중학생이 되어서야 영어를 배웠다. 나 역시 중학생이 되어서야 'Yesterday'라는 단어를 영어 수업에서 처음 배울 수 있었는데, 그러자 비틀즈의 'Yesterday'라는 곡을 조금이나마 더 이해할 수 있게 되었다. 번역된 가사를 읽은 뒤 영어로 된 곡을 들으며 '아, 이런 노래였구나!'라고 나름대로 이해할 수 있게 된 것이다. 그렇게 'Help'라든지 'Hey Jude', 'Let it be'와 같은 비틀즈의 명곡을 차례차례 듣게 되었다. 그렇게 서양 음악에 대한 흥미가 영어 실력을 쌓게 해주었다. 서양 음악에 대한 흥미와 영어 공부가 하나가 되었던 것이다.

영어 시간에 존 덴버의 'Sunshine on my shoulders(내 어깨에 비추는 햇살)'이라는 노래를 듣고 그 가사를 받아쓰는 시험을 봤던 기억도 있다. 그렇게 나는 서양 음악에 심취하면서 영어가 재미있어졌다.

우리 때와 달리, 지금은 영어와 친숙해질 기회가 굉장히 많다. 유튜브 등에서 외국인의 동영상을 손쉽게 볼 수도 있고, 가요에도 영어 문장이 많이 사용된다. '이것은 무슨 뜻이지?'라고 알아보고 싶은 순간이 많이 생기는 것이다.

따라서 영어를 단순히 공부로 생각하지 말고, 여러 재미있고 즐거운 일을 알 수 있는 수단이라고 생각한다면 어떨까? 그러면 자연스럽게 실력을 향상시킬 수 있다.

교과서는
엄청난 이야기의 보물 상자

나는 학창시절 새로운 일, 미지의 세계를 알게 되는 것이 즐거워서 견딜 수가 없었다. 지금도 또렷이 기억하는데, 화학 시간에 원소 주기표를 처음으로 보았을 때도 얼마나 감격했는지 모른다.

물질의 모든 원소가 한 장의 표에 정리되어 있다니! 넓은 우주에 있는 모든 물질들을 한 장의 종이에 적혀 있는 원소로 설명할 수 있다는 말에 놀라움을 감출 수가 없었다(지금은 '암흑물질'이라고 하는 알 수 없는 물질도 있다고 하지만).

이 얼마나 신기한가?

원소주기율표

1																	18
H	2											13	14	15	16	17	He
Li	Be											B	C	N	O	F	Ne
Na	Mg	3	4	5	6	7	8	9	10	11	12	Al	Si	P	S	Cl	Ar
K	Ca	Sc	Ti	V	Cr	Mn	Fe	Co	Ni	Cu	Zn	Ga	Ge	As	Se	Br	Kr
Rb	Sr	Y	Zr	Nb	Mo	Tc	Ru	Rh	Pd	Ag	Cd	In	Sn	Sb	Te	I	Xe
Cs	Ba	*1	Hf	Ta	W	Re	Os	Ir	Pt	Au	Hg	Tl	Pb	Bi	Po	At	Rn
Fr	Ra	*2	Rf	Db	Sg	Bh	Hs	Mt	Ds	Rg	Cn	Nh	Fl	Mc	Lv	Ts	Og

*1	La	Ce	Pr	Nd	Pm	Sm	Eu	Gd	Tb	Dy	Ho	Er	Tm	Yb	Lu
*2	Ac	Th	Pa	U	Np	Pu	Am	Cm	Bk	Cf	Es	Fm	Md	No	Lr

　나는 원소 주기표라는 것을 고안한 굉장한 과학자에게 찬사를 보냈다. 게다가 과학은 자꾸 발전해서 끊임없이 새로운 물질을 발견한다. 새롭게 발견되는 원소가 있다는 뜻이다. 실제로 새로운 물질들이 발견되면 주기표에 추가되는데, 이렇듯 단 한 장의 종이 속에 얼마나 많은 과학자들의 지혜와 노력이 결집되어 있는지를 상상하면, '이것에 감격하지 않으면 도대체 무엇에 마음이 뭉클할까?'라고 할 정도로 감동이 벅차오를 수밖에 없는 것이다.

　이런 감정이 들기 시작하면 화학이 싫을 수가 있을까? 시험에서 좋은 점수를 받을 수 있는지 없는지와는 별개로 적어도 화학을 싫어하지는 않게 되지 않을까?

국어 시간에 『도연초(徒然草)』라는 작품을 읽었을 때도 기억난다. 나는 당시 작품을 읽으며 '우와, 겐코 법사라는 분은 왠지 대화가 잘 통할 것 같은 스님이네'라는 생각을 했었다. 그만큼 저자의 생각에 납득할 수 있는 부분이 많았기 때문이다.

내용은 다음과 같다. 나무를 잘 오르는 달인이 어느 날 나무 높은 곳에 있는 가지를 다른 사람에게 자르게 했다. 그런데 다른 사람이 위에서부터 가지를 자르며 내려와 사람 키 높이쯤 왔을 때 달인이 대뜸 "조심해서 내려와!"라고 소리를 질렀다. 높은 곳에서는 아무 말도 하지 않다가 왜 낮은 높이에서야 조심하라고 하는지 겐코 법사가 물어보자, 나무 오르기 달인은 이렇게 대답한다.

"높고 위험한 곳에서는 스스로 무서워서 조심합니다. 실수는 낮고 안전하다고 생각하는 곳에서 일어나는 법이지요."

그 말을 들은 겐코 법사는 이렇게 정리한다.

"무슨 일이든 어려운 곳보다 오히려 괜찮을 것 같은 곳에서 실패하기 쉬운 법이다."

나는 그 글을 읽으며 당시 내가 활동하고 있던 테니스 서클에서의 일을 떠올리며 '맞아, 테니스 시합에서도 뜻하지 않은 순간 방심해서 실점을 하니까 말이야'라고 공감할 수 있었다.

물론 이와 비슷한 이야기는 많이 있을 것이다. 하지만 겐코 법사가 나무 오르기 달인과 여러 사람의 이야기를 듣고 '나는 이렇게 생각한다'라고 자신의 생각을 쓴 글을 내가 읽지 않았다면 어땠을까? '겐코 법사님 굉장한데. 만일 동네 절에서 이런 이야기를 해주는 스님이 있으면 만나러 가고 싶다'라고 생각할 일은 결코 없었을 것이다.

즉, 학교에서 공부하는 것, 교과서에 수록된 작품은 우리에게 감동을 줄 수 있는 보물 상자다.

이처럼 인류의 다양한 지혜를 알기 쉽게 정리한 보물이라고 생각하면, 딱딱하게만 느껴지던 교과서도 색다르게 바라볼 수 있다. 실제로 나는 수업 시간에 재미있을 것 같은 부분을 읽어보는 것을 좋아했다. 미리미리 어떤 색다른 내용들이 있는지 알아보는 것이 너무나 즐거웠던 것이다.

複습도 싫고
시험도 싫어

'뭐야? 사이토 선생, 실은 공부를 좋아했던 학생이었잖아!'

앞장의 내 학창시절을 읽은 분들 중에는 이렇게 생각할 수도 있을 것이다. 실제로 나는 뭐든지 재미있어 하고 호기심이 왕성한 아이였다. 새로운 것을 배우는 것을 무척 좋아했다.

그러나 문제가 있었다. 기초 공부와 복습은 정말 싫어했다는 것이다. 나는 이미 한 것에는 전혀 흥미가 생기지 않았다. 기초 공부와 복습은 정말 싫었다. 당연한 얘기지만 시험공부는 전혀 할 마음이 들지 않았다.

이와 관련해 중학교 때, 중간고사 수학 시험 결과가 형편없

어서 속상해하던 차에 친한 친구와 나누었던 이야기가 지금
도 또렷이 기억난다.

"너, 학교에서 나눠준 기초문제집 풀었어? 그것만 풀었어
도 시험 별거 아니었을 텐데…."

친구의 말에 나는 깜짝 놀라 물었다.

"어? 그런 게 있었나?"

"그것 봐!"

나는 그제야 『기초문제집』이라는 제목의 얇은 책자를 떠올
렸다. 나는 '기초'라는 말에 거부 반응을 일으켜 전혀 손도 대
지 않았던 책이었다. 아니, 사실은 그 존재조차 잊고 있었다.
학교에서 참고서로 나눠준 그 책만 공부했으면 성적은 전혀
달랐을 텐데 말이다.

'결국에는 기초부터 해야 하는 것인가?'

나는 그때 작은 깨달음을 얻었고, 실제로 『기초문제집』을
푼 뒤로 다음 시험부터 점수가 오르는 것을 확인할 수 있었다.

'기초는 중요하다!'고 확실히 깨달은 것이다.

사이토식
'수다스러운 공부법'

그렇다면 공부를 좀 더 편하게 할 수는 없는 것일까?

학생이라면 누구나 이런 바람을 가지고 있을 것이다. 나 역시 늘 그런 궁리를 했는데, 어느 날 친구와 한 가지 아이디어를 생각해낼 수 있었다. 그 아이디어를 가지고 중간고사, 기말고사 2주 정도 전부터 친구와 함께 공부했는데, 그것은 바로 둘이서 교과서의 같은 페이지를 읽고 외운 다음, 외운 것을 상대방에게 이야기하는 방식이었다.

한 사람이 외운 것을 이야기하면, 다른 한 사람이 그것을 듣고 잘못된 곳이 없는지 확인하는 것이다.

그리고 끝나면 이번에는 바꿔서 확인하는 것이다.

일명, 외운 것을 무조건 말로 정리하는 '수다스러운 공부법' 이었다.

혼자 공부하다 보면 외웠다고 생각한 것도 잊어버리는 일이 많다. 그러나 다른 사람에게 설명하는 것은 어중간한 지식으로는 힘들 수밖에 없다. 대충 기억해서는 이야기할 수 없기 때문이다. 따라서 말로 전하기 위해서는 그 지식이 머릿속에 확실히 자리를 잡고 있어야 한다.

실제로 나는 이 방법으로 공부를 하면서 그 효과를 절감할 수 있었고, 친구와 함께 최고의 명문이라는 도쿄대학에 입학할 수 있었다.

이처럼 다른 사람에게 말하는 방법은 기억술로도 매우 효과적이고, 머리 회전이 좋아지는 느낌이 들기 때문에 기분도 무척 좋아진다. 그래서 우리는 시험공부 외에도 읽은 책의 내용이라든지, 자신이 얻은 지식을 서로에게 말하곤 했다.

기억하는 것이 입력이라면, 말하는 것은 출력이다. 이 출력이야말로 두뇌의 움직임을 활발하게 한다. '출력 공부법'이야말로 즐겁게 공부하는 비결인 것이다.

나는 이런 방식으로 점점 빠르고 원활하게 지식을 이야기할 수 있게 됨으로써 '말하는 것도 훈련'이라고 생각하기 시작했다. 그러자 책을 읽거나 TV을 보다가 뭔가를 깨달아도 '아, 이것은 이러한 것과 연결해서 설명하면 재미있겠는데!'라고 생각하게 되었다. 내가 남에게 가르치는 직업을 갖게 된 것도 의심할 여지없이 이 수다스러운 공부법 덕분이었던 셈이다.

-☼- ————————

수학은
사고방식의 정리술?

고등학교 때 수학에 대한 내 인식이 확 뒤바뀐 일이 있었다. 학원의 수학 선생님이 어느 날 내 답안을 보고 이렇게 말하셨다.

"답은 맞았지만… 이것은 아름답지 않아."

나는 선생님의 말을 이해할 수 없었다.

'아름답지 않다고?'

수학 문제를 푸는 것과 아름답다는 말이 머릿속에서 연결되지 않았기 때문이다. 그러자 선생님은 다르게 푸는 방법을 보여주었는데, 확실히 선생님의 방법이 훨씬 더 간단했다. 속이 후련할 정도로 매우 아름다웠다. 그때의 기분이란 마치 눈

66 ———— 2장

에서 콩깍지가 떨어진 느낌이었다.

복잡하게 몇 번이나 계산하는 방법도 있지만, 이렇게 깔끔하게 답을 얻는 방법도 있다니! 그것을 깨달은 순간, 수학을 바라보는 내 시선은 완전히 바뀌게 되었다. 사물을 정리해서 생각하면 이렇게 깔끔하고 아름다워진다는 것이 얼마나 놀라웠는지 모른다.

수학이란 사물을 어떻게 받아들일까 하는, 논리적인 사고법(사고회로)을 손에 넣는 것이라는 사실을 실감한 것이다.

"중학교나 고등학교에서 배우는 수학 따위, 일상생활에 아무짝에 쓸모없어. 간단한 산수만 할 수 있으면 충분해."

이렇게 말하는 사람이 대부분이지만, 절대 그렇지 않다. 물론 앞으로 살아가면서도 여러분이 인수분해가 필요한 계산을 할 일은 거의 없을 것이다. 그러나 인수분해 사고법이라는 것은 우리의 삶에 큰 도움이 될 수 있다.

여기저기 흩어진 것을 모아서 괄호 안에 넣어 정리하면, 머릿속 역시 말끔히 정리할 수 있기 때문이다.

즉, '괄호 안에 넣어보자'라는 사고방식은 머릿속을 정리하는 방법으로 적극 사용할 수 있다. 이렇게 다양하게 사물을 바라보고 정리하는 방식과, '이것밖에 다른 방법은 없어'라고 생각하는 것 중에서 어느 쪽이 편한 삶일까?

이처럼 다양한 사고방식을 알고 있어야 사고가 더 자유로워진다.

자기 안에
풍요로운 숲을 기르자

공부는 나 자신을 넓혀주는 최고의 방법이다.

"공부 따위 하지 않아도 돼."

"공부보다 더 중요한 것이 있어."

여러분에게 이렇게 말하는 어른들도 있을 것이다. 학생 입장에서 보면 '어? 그럼 공부 안 해도 괜찮은 거야?' 하고 반가운 마음이 들 수도 있다.

하지만 그런 말을 있는 그대로 받아들이면 위험하다. 학생에게 공부보다 중요한 것이 정말 있는가? 있다면 무엇인가? 학생 신분의 여러분이 지금 공부하지 않으면 앞으로 어떻게 될까? 이런 질문에 그 누구도 충분히 납득할 만한 설명을 할 수는 없다.

세상에는 다양한 문화를 지닌 나라와 사회가 있다. 따라서 만약 정말로 10대 때 공부보다 중요한 것이 있다면, 그것을 우선시하는 사회가 무조건 존재할 것이다. 하지만 21세기인 지금 눈을 씻고 찾아봐도 그런 나라도 사회도 존재하지 않는다. 심지어 너무 가난해서 학교에 가기도 어려운 나라조차 아이들에게 배울 권리를 제공하기 위해 노력한다.

즉, 공부해서 손해 볼 것은 전혀 없다.

지금은 도움이 되지 않는 것 같아도 하지 않는 것보다 해두는 편이 틀림없이 이득인 것이다.

'무엇을 위해 공부하는가?'

나는 이 질문에 대한 답으로 대학생들에게 이렇게 자주 말한다.

"배우는 것은 자기 안에 있는 다양성의 숲을 기르는 것이다."

여러 조상들의 지혜, 사물에 관한 다양한 견해를 익힘으로써 자기 자신을 풍요롭고 크게 만들어나갈 수 있기 때문이다.

공부를 하면 무슨 일이 일어났을 때, 자신이 길러온 힘을 활용해서 강하게 헤쳐 나갈 수 있다. 그것이 바로 공부다.

'다양성의 숲'이란 종류가 다른 여러 가지 가능성의 나무를 기른다는 뜻이다. 한 종류의 나무만 자라는 숲은 그 나무를 갉아먹는 벌레가 대량 발생하면, 순식간에 초토화된다.

하지만 여러 종류의 나무가 자라고 있는 숲은 전멸하지 않는다. 저 나무가 망가져도 다른 나무는 살아남을 수 있기 때문이다. 즉, 어떤 사고방식을 적용할 수 없을 때 다른 사고방식으로 대응할 수 있는 것이 다양성의 강점인 것이다. 이처럼 다양한 숲을 자기 안에 길러가는 것, 그것이 공부의 목적임을 명심하자.

공부는 자신을
지금보다 더 살기 편하게 해준다.
알고 생각하는 기쁨이 인생을
더 설레고 두근거리게 해준다.

3장

학교에는
왜 가야 하는가?

☀ ———————

학교에 가지 않아도
물론 공부는 할 수 있다

갈수록 학교에 가지 않는, 이른바 등교 자체를 거부하는 학생들이 늘고 있다.

그 이유는 학생들마다 다르다. 왕따를 당하고 있다거나, 공부를 따라가지 못하는 등의 확실한 원인이 있을 수도 있다. 반면 명확한 원인이 없는데도 학교에 가지 않으려 하는 학생도 많다. 그중에는 이런 의문을 가진 학생도 꽤 있을 것이다.

'왜 꼭 학교에 가야 하는가?'
'무엇을 위해 학교에 가야 하는지 알 수 없다.'
사실 공부만을 위해서라면 요즘은 굳이 학교에 다니지 않아도 여러 가지 다른 방법이 있다. 인터넷을 사용해서 온라인 수업을 할 수도 있고, 가정 형편이 좋다면 개인 교사를 부를 수도 있고, 학원에 다녀도 된다. 또한 등교를 거부하는 학생들을 지원하기 위해 정부에서 마련한 무료학교나 적응지도교실 같은 곳도 있다.

즉, 학교에 갈 수 없게 되어도 공부는 충분히 할 수 있다. 하지만 그럼에도 불구하고 왜 학교가 필요한지에 대해 앞으로 이야기를 해보자.

-ݰ- ————————

학력은
통행증 같은 것

과거에는 다른 지방으로 여행을 하려면 허가증이 필요했다. 관문을 통과할 때 그것을 보여주지 않으면 다른 지방으로 갈 수 없었는데, 지금으로 치면 여권 같은 것이다.

마찬가지로 오늘날 사회에서는 어느 수준의 학교를 나왔는지가 직장인들에게 하나의 통행증 같은 것으로 작용한다.

실제로 중학교 졸업자와 고등학교 졸업자는 시키는 일이 다르다. 월급도 다르다. 고졸과 대졸도 또 다르다. 더 나아가 어느 대학을 나왔느냐에 따라 출세 가도에 오를 수 있을지가 달라진다. 어떤 대학교를 나왔는지가 그 사람의 사회적 지위를 결정지을 가능성이 높은 것이다. 이것이 바로 '학력사회'라는 것인데, 불합리해 보이지만 이는 어느 나라에서나 마찬가지다.

　물론 이전에 비해 지금은 학력 편중 경향이 점차 줄어들고 있는 추세다. 옛날에는 좋은 대학을 졸업해 일류기업에 취업하면, 대우도 월급도 보장된 안정적이고 행복한 인생을 보낼 수 있다고 믿었다. 한번 취업하면 종신 고용으로 평생 그 회사에서 근무할 수 있었기 때문에 학력의 영향이 지대했다.

　하지만 지금은 대기업도 갑자기 망할 때도 있고, 구조조정도 한다. 학교 졸업과 동시에 입사한 회사에서 평생 근무할 수 있는 일도 거의 사라졌다. 학력에 별로 관계없이 능력의 여부나 지금까지의 실적으로 채용되거나, 승진하는 경우가 늘고 있는 것이다. 이런 의미에서 채용 기준이 상당히 자유로워진 것 또한 사실이다.

　하지만 그럼에도 불구하고 역시나 아직은 일부 회사의 이야기일 뿐이다. 드물기 때문에 더 세간의 화제에 오르는 것일 뿐이다. 사회에서 학력을 중시하는 경향은 사실 별로 달라진 것이 없다.

　모든 것이 학력으로 정해지는 것은 아니지만, 실제로 고학력은 여러모로 유리하다.

고학력인 사람은 우선 취업 활동이나 입사 시험에서 유리할 수밖에 없다. 필기시험 성적이 같은 두 지원자 중에서 한쪽을 선택해야 한다면, 아무래도 일류대학 출신을 채용할 확률이 높은 게 현실인 것이다.

고학력인 사람은 그만큼 선택의 폭도 넓다. '의욕만 있으면 학력은 상관없어'라고 말하고 싶지만, 학력에 의해 같은 출발점에조차 설 수 없는 것이다.

또한 고학력인 사람은 그렇지 않은 사람보다 연봉도 많다. 수입이 높은 직업을 가질 수 있기 때문에 돈을 벌기도 쉽다. 이것이 실제 사회의 실상임을 알아야 한다.

현실은
혹독하다

'나는 그런 사회가 싫어.'

'좋은 학교, 좋은 회사에 가는 게 반드시 행복한 것은 아니야. 나는 그런 코스를 걷고 싶지 않아.'

물론 이런 사고방식을 가진 사람도 있을 것이다.

여러분이 '그런 통행증 따위 갖고 싶지 않다'라고 생각한다면, 그것 역시 개인의 자유다. 하지만 먹고살려면 일을 해서 돈을 벌어야 하는데, 그때 차가운 현실에 직면하게 될 수밖에 없다.

예를 들어 고등학교를 중퇴하고 일자리를 찾으려고 하면, 높은 현실의 벽에 부딪칠 수밖에 없다. 고등학교 중퇴라는 것은 결국 최종 학력이 중졸이라는 뜻이다. 그러면 일의 종류가 굉장히 제한되고, 수입 또한 적어지게 된다. 자연스럽게 위험한 일이나 힘든 일을 해야 할 확률이 높아진다. 결국 '이것이 사회의 혹독함이라는 것인가?'라고 깨닫게 되며 상상 이상으로 두껍고 높은 현실이라는 벽에 부딪쳐 망연자실하는 경우가 많다.

그래서 그런지 고등학교를 중퇴했다가 다시 공부에 도전하는 사람도 많다. '다시 한 번 고등학교에 다니고 싶다'라든지 '검정고시를 치고 싶다', '대학에도 가고 싶다'라고 생각하는 사람들 말이다.

일본에서는 고등학교에 가지 않아도 고졸 자격을 취득할 수 있는 시험이 있다. 전에는 '대학입학 자격검정고시(대검)'라고 불렀지만, 지금은 '고등학교 졸업 인정시험'이라는 명칭으로 바뀌며, '고졸인정', '고인'이라고 부른다. 고등학교를 졸업한 사람과 같은 학력이 있다고 인정받고, 대학이나 전문대학 등에 지원할 자격을 얻을 수 있는 제도인 것이다.

내가 학생들을 가르치고 있는 대학에도 때때로 고졸인정으로 수험 자격을 얻어 입학한 이들이 있는데, 이처럼 고등학교에 가지 않아도 대학에 들어갈 수 있는 것이다.

그러므로 다시 시작할 수 있다. 다른 방법으로 다시 시작하는 것이 충분히 가능하다. 다만 학교에 계속 다니는 것만큼의 에너지가 필요한 것은 당연하다. 즉, 학교에 가지 않아도 살아갈 수 있는 길은 물론 있지만 결코 편안한 길은 아님을 알아야 한다.

'더 이상 못 참아!'라는 일시적인 충동으로 학교를 그만두는 것은 되도록이면 피했으면 좋겠다.

-☼- ─────────

10대의 뇌는
감정 억제를 잘 못한다

중학생 정도가 되면 성인이나 다름없는 체격을 가진 학생도 많아진다. 하지만 뇌도 몸도 아직 발육의 과정에 있을 뿐이다. 완전한 성인이라고는 할 수 없는 것이다. 특히 사춘기에는 호르몬의 균형이 불안정해서 성인과는 여러 가지로 다를 수밖에 없다.

최근의 뇌 과학 연구에서도 10대의 뇌는 아직 미완성이라는 사실이 밝혀졌다. 프랜시스 젠슨 박사의 『10대의 뇌』라는 책에 따르면 10대는 학습 능력의 황금기임에 틀림없지만, 뇌를 완전히 억제할 수 없기 때문에 쉽게 화를 낸다고 한다. 10대의 뇌는 아직 미완성인 것이다.

10대의 뇌는 감정을 잘 억제하지 못한다.

뇌에서 가장 나중에 성숙한다고 밝혀진 곳이 전두전야인데, 이 전두전야가 바로 감정이나 행동을 억제하는 역할을 한다. 따라서 전두전야가 제대로 성숙해 활동하고 뇌의 다른 부분과 연결이 원활해지면, 그때서야 감정이 격해지는 것을 조절할 수 있게 되는 것이다.

이를 해석하면, 뇌에서 충동을 억제하는 기능은 제일 나중에 완성된다는 뜻이 된다. 중고등학생이 감정을 억제하기 어려운 게 바로 이 때문인 것이다.

한편, 마음이 쉽게 불안정해지고 화를 잘 내는 것은 사춘기에 활발하게 분비되는 성호르몬이 뇌의 편도체(뇌의 변연계에 속하는 구조의 일부로 동기, 학습, 감정과 관련된 정보를 처리한다-옮긴이)를 자극하기 때문이라고 한다. 호르몬의 영향으로 편도체가 과잉 반응하게 되면서 불안이나 공포의 감정이 부풀고 감정이 쉽게 폭발한다는 것이다.

그런데 여기서 중요한 것은 전두전야가 소리 내어 책을 읽는 등의 행위 즉, 공부를 하면 할수록 발달한다는 것이다. 공부를 함으로써 감정도 잘 조절하는 힘이 생긴다는 얘기다.

중고생 시절에는 이런 말을 하는 학생들을 자주 보게 된다.

'참을 수가 없어.'

'화가 나서 다 포기하고 싶어.'

쉽게 충동적인 행동을 하려는 성향을 보이는 것이다. 내 얘기를 하는 것 같다고 생각하는 학생들도 분명 있지 않을까?

그것은 여러분의 마음이나 성격에 진짜로 문제가 있어서가 아니라, 사춘기라는 시기의 뇌와 신체의 상태가 그렇게 만드는 것임을 알아야 한다.

그러나 중고생 시절의 몇 년을 잘 보내면 이런 답답함은 사라진다는 것을 명심하자. 뇌가 성숙하면서 뇌 속의 균형이 잡히기 시작하면 일시적인 감정으로 치닫는 일은 줄어들게 되고, 상황을 냉정하게 받아들일 수 있게 되기 때문이다.

이러한 사실을 반드시 기억하기 바란다. 그러면 일시적인 감정으로 누군가를 상처 입히거나, 학교를 그만두거나, 심지어는 스스로 목숨을 끊는 극단적인 행동을 피할 수 있을 것이다.

☀ ———————

학교에 가는 것은
누군가와 교류하기 위함이다

다시 무엇을 위해 학교에 가야 하는지에 대한 이야기로 돌
아가 보자. 학교는 물론 공부하러 가는 곳이지만, 실은 공부 이
외의 의미도 굉장히 크다.

매일매일 다른 친구와 교류하는 것에도 큰 의미가 있기 때
문이다. 규칙 속에서 생활하게 되면서 집단의 구성원으로서
다른 사람들과 교제하는 힘을 기를 수 있는 것이다.

학교에는 다양한 학생들이 모여든다. 학생들 개개인은 자
라난 환경에 따라 성격과 사고방식이 저마다 다를 수밖에 없
다. 그중에는 마음이 맞는 친구도 있지만, 그렇지 않은 친구도

분명 있다. 학교는 작은 사회인 것이다. 따라서 여러분이 그 다양한 집단의 일원이 되어 생활하는 것은 사회라는 곳에서 살아가기 위한 예행연습이 된다.

매일 아침 학교에 가서 수업을 듣고 친구 관계에서 울고, 웃고, 화도 내고, 고민도 하고, 따분한 시험공부라는 것도 남들 못지않게 해보는 것 자체가 중요하다. 그저 매일매일 그곳에 있는 것만으로도 충분하다.

이처럼 아무 생각 없이 학교에 다녀도 사회에서 살아가는 요령을 충분히 터득할 수 있다. 이것이 학교에 가는 가장 큰 장점이자 의미다.

또한 연령대가 다른 선후배들과 어울리는 것도 중요하다. 서클 활동 등에서 선후배와 어울리다 보면 상하 관계라는 것도 알게 되면서 연장자와 연소자로서 교제하는 방식을 익힐 수 있기 때문이다. 미리 세대가 다른 사람과 접하는 연습을 할 수 있는 것이다. 말하자면 학교는 다른 사람들과 부딪치는 것에 익숙해지기 위해 가는 것이다.

복잡한 대각선 횡단보도를 건너본 적이 있는가? 가로, 세로, 대각선으로 사람들이 오가는 교차로 말이다. 일본에서 가장 유명한 대각선 횡단보도는 도쿄 시부야 역에 있는데, 이곳은 많을 때는 파란불 한 번에 3,000여 명이 통행을 한다.

이곳에 가면 외국 관광객들이 사진이나 동영상을 찍는 모습을 심심찮게 볼 수 있는데, 많은 사람들이 전혀 부딪치지 않고 자연스럽게 스쳐 지나가는 것이 신기해서라고 한다. 외국에도 대각선 횡단보도는 있지만, 모두가 아무렇지 않은 얼굴로 교차하는 모습이 신기한 모양이다. "일본인은 도대체 어떻게 그런 감각을 익혔는지 흥미롭다"고 말하는 외국인도 있다. 실제로 혼잡함 속에서 타인과 부딪치지 않고 걷는 것에 익숙지 않은 사람은 대각선 교차로 앞에서 발걸음이 움츠러들 수밖에 없다. 부딪칠 것 같아서 발을 떼지 못하는 것이다.

그러나 대각선 교차로를 아무렇지도 않게 건너는 데는 특별한 기술이 필요치 않다. 그저 '익숙함'이 필요할 뿐이다. 남들과의 거리감, 남들과의 간격, 속도에 익숙해지면 자연스럽게 사람과 사람 사이를 뚫고 대각선 횡단보도를 건널 수 있게 되는 것이다. 인간관계에 익숙해지는 것도 이와 흡사하다.

익숙해지기 위해서는
연습이 필요하다

앞서 말했듯이 보행자가 가득한 대각선 횡단보도를 건너본 적이 없는 사람은 처음에는 여러 문제에 부딪칠 수밖에 없다. 결국 당황해서 멈춰 서게 되고, 어느새 신호가 빨간색으로 바뀌고 만다. 그러면 이런 생각이 들게 된다.

'뭐야, 이 사람들은? 마구 와서 나한테 부딪치네. 여기는 정말 짜증나는 곳이야. 내가 다시 여길 오나 봐!'

이렇게 생각하고 피하면 대각선 횡단보도의 벽을 영원히 넘지 못할 수밖에 없다.

그러나 건널 수 있는지 없는지는 능력 여부와는 상관없다. 단순히 연습을 하지 않았을 뿐이다. 익숙하지 않은 것뿐이다.

마찬가지다. 사회에 적응하기 위해서는 실제로 매일매일 여러 작은 체험들을 해보는 수밖에 없다. 인간관계에서도 똑같다. '내가 이런 말을 하니까 친구가 화를 내는구나'라든지 '내가 이런 행동을 하니까 서클 선배가 노려보는구나'처럼 남들과 부딪치는 원인이 어떤 것인지를 경험 속에서 조금씩 터득함으로써 다른 사람과의 거리 두는 방법을 알게 되는 것이다.

초등학교, 중학교, 고등학교 12년간 매일매일 이런 작은 경험을 거듭하면, 여러분에게는 많은 경험이 쌓일 수밖에 없다. 대인관계의 기초 실력 같은 것은 이렇게 학교에 다니는 동안 익히는 것이 가장 쉽다.

물론 평소 학교생활을 하면서 '나는 지금 인간관계 능력을 기르기 위해 학교에 다니고 있다'라고 생각하는 학생은 거의 없을 것이다. 하지만 매일매일 보내는 학교생활 속에서 분명 여러 일에 대응할 수 있는 힘이 어느 틈엔가 생기게 된다. 자신도 모르는 사이에 사회성이 길러지게 되는 것이다.

여러 상황을 받아들일 수 있다는 것은 자신의 역량이 넓어진다는 뜻이다. 인간관계 능력이 생기는 것도 자신을 넓혀 나가는 것이다.

나는 사실 인간관계에 조금은 서툴러도 충분히 살아갈 수 있는 사회가 바람직한 사회라고 생각한다. 하지만 유감스럽게도 요즘은 점점 더 의사소통 능력이 중요시되고 있다. 따라서 대인관계에 익숙해지는 연습을 학교라는 작은 사회 속에서 미리 해보는 것이 갈수록 중요지고 있다. 그것이 앞으로의 세상에 적응해 나가는 길이자, 편하게 살 수 있는 길이기 때문이다.

흘려보낼 줄도
알자

그러나 학교에 다니다 보면, 자기 힘으로는 도저히 어쩔 수 없는 힘겨운 인간관계나 짜증나는 일이 발생할 수밖에 없다.

예를 들어 같은 반에 마음이 전혀 맞지 않는 친구가 있다면 정말 괴롭다. 서클 활동에서 선후배 간의 상하관계에 익숙해지는 것도 솔직히 쉽지만은 않다. 특히나 성격이 섬세하거나 성실한 사람일수록 부조리하게 느껴지는 상황을 만나면 괴롭게 느끼는 법이다.

여러분의 과제는 지금의 어려움을 어떻게 극복하는가에 있다. 가모노 쵸메이의 『방장기』 첫머리에 이런 말이 나온다.

'흐르는 물은 끝이 없지만, 원래의 물은 아니다.'

강이 흐르는 것을 보고 있으면, 같은 물이 아니라 늘 새로운 물이 흐르고 있음을 알 수 있다.

시간의 흐름도 마찬가지다. '괴로운 상황은 변함이 없다. 계속 이어질 뿐'이라고 생각하면 한없이 우울해지겠지만, 시간이 흐르면 반드시 상황은 변하기 마련이다.

내가 싫어하는 같은 반 아이도 학년이 바뀌면 더 이상 보지 않아도 된다. 보기 싫은 선배는 3학년이 되면 서클 활동을 은퇴할 수밖에 없다. 그러다가 졸업하면 학교에서 영영 사라지고 우리가 상급생이 된다.

이처럼 싫은 일을 '싫다, 싫어, 더 이상 참을 수 없어'라고 한탄만 하는 것이 아니라, 조용히 흘려보내는 것도 중요하지 않을까? 강물처럼 흘러가버리는 것이라고 말이다.

태풍이라고 생각해도 좋다. 비바람이 심하게 불면 힘든 게 당연하다. 하지만 폭풍우가 언제까지나 계속되는 것은 아니다. 태풍은 어차피 지나간다. 자신의 힘으로 도저히 어쩔 수 없는 일은 그렇게 물 흐르듯 흘려보내면 된다.

공부도 마찬가지다. 공부가 싫고 학교가 너무 지겨워도 언젠가는 벗어날 때가 온다. 시험도 일정 기간이 지나면 더 이상 치를 일이 없다. 언젠가는 시험과 무관한 시기가 도래한다.

이처럼 지금 힘들어도 그것이 계속 이어지는 것은 절대 아니라고 생각하는 마음가짐이 중요하다. 싫은 일, 괴로운 일은 전부 태풍 같은 것이다. 언젠가는 지나간다. 그렇게 생각하면 조금이나마 마음이 편해지지 않을까?

비상구는
늘 있다

　물론 흘려보내려 노력하는 것만으로 해결되지 않는 일도 분명 있다. 견디기 힘들 만큼 악질적인 왕따를 당하고 있다든지, 담임선생님이 이상한 사람이라든지, 학교의 특성이 자신과 너무 맞지 않다든지, 이런 이유들은 단순히 견디기에는 매우 곤란한 일이다.

　그럼 이때는 어떻게 해야 할까? 태풍이 왔을 때도 집이 위험하면 보다 안전한 장소로 대피해야 하지 않는가? 자신의 신변이 위험에 노출될 때 안전한 곳으로 대피하는 것은 겁쟁이여서가 아니다. 이것은 자신을 지키기 위한 일이다.

　공공건물이나 교통수단에는 반드시 비상구가 있다. 긴급사

태가 발생했을 때를 위한 탈출구 말이다. 비상시에는 그 문을 사용해야 하듯이, 도저히 견뎌낼 수 없다고 생각했을 때는 비상구로 탈출해야 한다.

도망가지 않으면 내가 어떻게 될지 나 자신조차 모를 때는 일단 도망치자. 그렇게라도 생명을 건지면 그 후에는 반드시 다른 길이 있다.

그리고 이런 경우, 비상구를 찾을 때는 신뢰할 수 있는 어른과 의논하는 것이 최선의 방법임을 명심해야 한다. 나이가 비슷한 친구보다는 어른이 좋다. 아무리 마음이 맞고 아무리 내 마음을 전부 다 이해해주는 것 같아도 여러분이 알고 있는 세상은 좁을 수밖에 없다.

그에 비해 어른들은 아무래도 여러분보다는 경험이 풍부하고 많은 것을 알고 있어서 더 넓은 시야로 세상을 바라볼 수 있다.

그러니 어른의 힘을 빌리는 것이 현명하다. 가족에게 말할 수 없으면 고민 상담 창구에 기대보는 것도 좋은 방법이다. 도와주는 어른이 반드시 있다.

괴로운 심정에서 벗어나 살아남는 길을 찾아야 한다. 당장은 꽉 막혀 막다른 길처럼 보일지라도 다른 길도 있다는 사실을 알아야 한다. 이처럼 유연하게 생각할 수 있는 것이 진정으로 명석하게 사는 방법이다.

학교에는 다양한 사람이 있으며,
그런 사람들과 교제하는 방법을
연습하는 곳이라고 생각하자.

4장

/

수험에는 어떤 전술로
임할 것인가?

전략과 전술을
생각하자

중고등학교에 다니는 학생들 중에는 미리미리 착실히 시험 준비를 하는 학생이 있는가 하면, 시험을 본다고 해도 별로 심각하게 생각하지 않는 학생도 있다.

물론 중고등학생 때 공부 이외의 뭔가에 열중하는 것도 중요하므로 어떻게 학창 시절을 보낼지는 본인의 자유다. 다만 시험공부에 대해서는 '어떤 전략과 전술로 임할 것인가?'를 생각해볼 필요가 있다. 시험 전략이 서 있으면 어떤 공부를 어떻게 해야 하는지 정확히 알 수 있는데, 그런 점을 확실히 하지 않으면 후회할 수밖에 없기 때문이다.

중고등학교 입시, 대학과 대학원 입시 등등 많은 수험 생활을 경험한 나 자신의 이야기를 해보자. 우선 내 중학교 입시는 초등학생다운 가벼운 동기에서였다. "어때? 한번 쳐볼래?"라는 부모님의 권유에 도전한 것이다.

이렇게 나는 부모님의 권유에 시험을 치르고 시즈오카(静岡)에 있는 국립대학 부속중학교에 입학했다. 그곳은 자유로운 교풍을 지니고 있는 학교라 나는 테니스부에서 1, 2학년을 매우 즐겁게 보냈다. 시험공부가 너무나 싫었지만, 앞에서 말한 친구와 '수다스러운 공부법'을 고안해 중간고사, 기말고사에서 괜찮은 성적을 받기도 했다.

그러나 좋아하는 것 위주로 하고, 친구들과 즐겁게 보내며 거칠 것 없이 생활하던 내 상황도 중학교 3학년이 되자 달라지게 됐다. 그 이유는 내가 다니던 학교에는 부속고등학교가 없었기 때문이다. 보통 일본에서는 중고등학교가 같은 재단에 속하면, 자동으로 고등학교까지 올라가기 때문에 6년간은 일단 안심인 경우가 대부분이다. 하지만 우리 학교는 그렇지 않았기 때문에 고등학교에 진학하려면 또 어딘가에 지원해 입시를 치르지 않으면 안 되었다.

결국 중학교 3학년이 되면서 서클 활동도 끝나자 곧바로 현실에 직면한 나는 희망하는 공립고등학교를 단 한 곳만 골랐다. 그곳 하나만 시험을 치르기로 결정했기에 '여기서 떨어지면 갈 곳이 없다'라는 절실함이 들 수밖에 없었고, 자연히 시험 공부에 매진하게 됐다.

'선택지가 제한되는 것은
싫어'

당시 나는 함께 수다스러운 공부를 해오던 친구와 진로에 대해 고민했다.

"어느 학교에 지원할까?"

"왜 시험공부를 해야 하지?"

등등에 관한 것이었다.

결론은 '최고를 목표로 하자!'였다.

무엇보다 나는 학교 이름만으로 남들에게 무시당하는 것이 싫었다. 어느 고등학교에 다닌다는 사실만으로 보는 눈이 달라지는 것을 느꼈기 때문이다. '에계, OO고등학교야?'라고 얄잡아보는 시선을 견딜 수 없었다. 따라서 좋은 고등학교에 들어가면 그럴 가능성은 없어질 것이라는 결론에 이르렀던 것이다.

또한 좋은 고등학교에 가면 그만큼 주변 친구들에게서도 좋은 자극을 많이 받을 수 있을 것 같았다. 테니스도 그렇지만 공부도 경쟁자가 있어야 의욕이 생기고 실력도 늘지 않는가? 그런 분위기 속에 있으면 대학도 높은 수준을 목표로 할 수 있으리라 생각한 것이다.

어쨌든 나는 수준 낮은 고등학교에 진학해 앞으로의 내 가능성이 줄어드는 게 정말 싫었다.

그것은 대학을 지원할 때도 마찬가지였다. 나는 대학을 졸업하며 사회에 진출할 때 다음과 같은 거절을 당하고 싶지 않았다.

"OO대학 졸업장으로는 우리 회사에 입사할 수 없습니다."

'요즘 사회에 그런 차별이 있을 수 있나?'라고 생각하는 사람도 있겠지만, 실제로 이런 장벽은 엄연히 존재한다. 나는 그럴 때 억울한 일을 당하고 싶지 않았다. 지금 시험공부를 얼마나 진지하게 하는가에 따라 앞으로의 인생에 제약을 받는다면, '그때 왜 공부하지 않았을까?', '더 열심히 할걸 그랬다'라고 후회할 것 같았다.

그래서 '최고를 목표로 하자!'는 결론을 내렸다.

그러기 위해서는 싫어하는 시험공부를 할 수밖에 없다고 다짐했던 것이다.

자신에게 맞는 방법으로 하면
지치지 않는다

나는 끈기가 부족해서 매일매일 꾸준히 뭔가를 잘하지는 못한다. 집중력은 있지만 싫증을 잘 내기 때문이다. 따라서 목표를 향해 단기적으로 전력투구하는 방식이 효율이 높다.

그래서 나는 평소에는 서클 활동을 중심으로 학교생활을 하다가 중간고사나 기말고사가 다가오면 2주 정도 전부터 집중해서 공부를 했다. 서클 활동 시기와 시험공부 시기라는 전혀 다른 두 가지 패턴으로 학교생활을 한 것이다.

그러나 입시 공부라는 것은 학기 중간에 있는 시험들과 달리 장기전이다. 따라서 어떻게 하면 싫증 내지 않고 공부할 수 있을지가 문제였다.

그래서 나는 나 자신을 면밀히 관찰했고, 2주 정도는 충분히 집중할 수 있다는 사실을 깨달았다. 그래서 나는 2주에 한 과목씩 중점적으로 공부하는 목표를 세웠다.

'현재 영어 집중 강화 주', '지금은 수학 강화 주', '이번 주부터는 세계사 강화 주'라는 식으로 2주 동안 철저하게 해당 과목에 집중한 것이다. 그렇게 2주 동안 한 과목만 집중해서 공부하다 보면 실력이 쑥쑥 느는 것을 실감할 수 있었고 그만큼 성과도 있었다. 그러자 무엇이든 할 수 있을 것 같은 자신감과 충만감이 차올랐다.

단, 이런 경우에는 비슷한 과목을 연달아 공부하지 않는 것이 좋다. 예를 들어 세계사를 2주 동안 공부했다면 다음은 수학을 공부하는 식으로 뇌의 전혀 다른 부분을 사용하는 과목을 돌아가면서 공부하는 것이다. 암기도 몇 주간 계속하면 싫증 나지 않겠는가?

결론적으로 말해, 자신에게 맞는 방법으로 하면 지치지 않는다.

나처럼 몰아서 공부하는 방식이 맞는 타입이라면 '2주간 집중 공부법'은 지치지 않고 포기하지 않고 할 수 있는 효과적인 방법이다. 반대로 매일매일 모든 과목을 골고루 꾸준히 공부하는 것이 맞는 학생도 있다. 지구력이 있는 타입의 학생에게는 그런 방법이 맞을 것이다.

따라서 '내가 지치지 않고 할 수 있는 방법은 무엇일까?' 곰곰이 생각해 보아야 한다.

자기다운 전술은
평생 활용할 수 있다

나는 지금도 원고를 쓸 때, 정해진 기한이 다가와야 겨우 엔진에 시동이 걸려 집중한다. 시간에 여유가 많을 때보다 제한된 시간 안에 하는 편이 머리가 잘 돌아간다.

반면, 학창시절에 꾸준히 공부했던 타입의 사람은 틀림없이 일도 매일 조금씩 천천히 해나가는 방법을 택할 것이다.

'이렇게 하면 지치지 않아.'

'이렇게 하면 순조로워.'

'이렇게 하면 즐겁게 할 수 있어.'

이렇게 생각되는 자신에게 맞는 공부 방법을 찾는다면, 몸에 배어 앞으로 어떤 공부를 하든 사용할 수 있고, 사회에 나아가 일을 할 때도 활용할 수 있다. 자신이 잘하는 방식으로 정착되는 것이다.

지금 생각해보면 친구에게 이야기하며 외우는 수다스런 공부법 역시 나에게 딱 맞는 전술이었다. 나는 시험공부를 할 때도 계속 이 방법을 썼는데, 그 덕에 지금도 대학 수업이나 강연에서 몇 시간을 계속 말해도 피로를 덜 느낀다. 어릴 적부터 말하는 훈련을 계속해왔기 때문인 것이다.

공부 전술이라고 굳이 특별할 필요는 없다. 예를 들어 색깔별로 나누어 기억하는 게 편한 사람은 형광펜과 볼펜으로 색을 나누어보면 어떨까? '색 나누기 공부법'이라고 이름을 붙이고 자신만의 전술이라고 생각하는 것이다.

실제로 나는 책을 읽을 때도 공부를 할 때도 선을 그으면서 읽으면 머리가 말끔히 정리가 된다. 그래서 이것을 '3색 볼펜 방식'이라는 하나의 공부 방식으로 만들었다.

- 객관적으로 중요한 부분은 파란색
- 객관적으로 굉장히 중요한 부분은 빨간색
- 주관적으로 재미있다고 생각한 곳은 녹색

이런 방식으로 3색으로 나누어 줄을 치면 꼭 기억해야 하는 부분도 확실해지고, 포인트가 정리된다. 즉, 공부에서 사용하면 3색 볼펜 공부법이 되고, 책을 읽을 때 사용하면 3색 볼펜 독서법이 되고, 노트를 적는 방법에 사용하면 3색 볼펜 노트 정리법이 되는 것이다.

이렇게 언제나 3색으로 나누어 생각하며 머리를 회전시키면, 그러한 사고가 점점 자신만의 방식으로 자리매김하게 된다.

여러분도 자기 자신에게 맞는 전술을 찾아 평생 자기만의 비법으로 삼기 바란다.

☀ ————————

우선
자신감을 키우자

지치지 않는 공부 방법을 찾으면 '이렇게 하면 할 수 있어!'라는 자신감도 생기기 마련이다. '이 과목은 자신 있어'라고 자신 있는 교과목도 생긴다.

초등학교 때 운동을 잘하는 아이는 자신의 운동신경이 좋기 때문에 운동이 특기라고 생각한다. 사실은 다리만 빠르지 야구는 잘 못하고, 몸이 뻣뻣해서 체조 종류는 전혀 소화하지 못하는데도 말이다. 하지만 다리가 빠른 아이는 자신이 운동을 잘한다고 믿는 것이다.

이렇게 뭔가에 자신이 생기면 자신을 인정하는 마음이 솟

아난다.

바꿔 말하면 '나는 머리가 좋지 않아'라고 생각하지 말아야 한다는 뜻이다. 그러므로 잘하는 과목을 만들어 자기 안에 자신감의 바탕으로 삼으면 좋다.

'원래 생물이 좋아서 생물'이든 '철도 마니아여서 지리'든 자신이 관심 있는 분야라면 뭐든지 좋다. 좋아하는 것과 연관된 과목을 잘한다는 것은 매우 자연스러운 일이 아닌가?

☀ ─────────

영어를 잘하면
좋은 점이 많다

영어를 잘하면 큰 장점이 된다. 문과로 진학을 하든 이과로 진학을 하든, 영어는 무조건 입시 과목에 들어가기 때문이다. 더구나 영어 점수의 비중이 큰 곳도 많다.

영어는 어학, 즉 언어이므로 누구든지 열심히 하면 습득할 수 있다. 아무리 공부해도 진전이 없고 이해를 못하는 과목이 절대 아니다. 공부하면 한 만큼 잘할 수 있는 과목이다.

지금은 잘하지 못해도 좋아하는 마음이 생긴다면 자연스럽게 의욕이 생긴다. 따라서 싫어지거나, 못한다는 생각을 가지지 않는 것이 무엇보다 중요하다.

게다가 영어 공부는 비단 시험에만 해당하는 것이 아니다. 영어는 성인이 되어서도 필요하기 때문에 계속 공부해야 한다. 따라서 되도록이면 못한다는 생각을 갖지 않도록 하자.

'영어 따위 못하면 어때?'라고 포기해버리면 긴 인생살이에서 많은 것을 손해 볼 일이 생긴다. 매우 애석한 일이 아닐 수 없다.

예를 들면 여러분이 유튜브에 어떤 콘텐츠를 업로드한다고 가정해보자. 우리말로 정보를 업로드하면 우리말을 아는 사람들에게만 보여줄 수밖에 없다. 그러나 영어로 발신하면 전 세계 사람들을 상대로 전달할 수 있다. 기회의 폭이 완전히 달라지는 것이다.

지금은 국제화 시대다. 따라서 영어를 포기하는 것만큼 안타까운 일은 없다.

입시의 열쇠를
거머쥐자

영어를 잘하게 되면 입시의 열쇠를 쥘 수 있다. 왜냐하면 (일본에서는) 영어를 잘하면 입학이 어려운 대학에도 쉽게 합격할 수 있기 때문이다. 예를 들어 사립대학의 문과계 입시 과목은 국어, 영어, 그리고 사회 과목 중 1과목을 선택해서 총 3과목인 곳이 대부분이다.

국어 같은 경우 고문, 한문은 무조건 외우면 되지만, 현대국어는 독해력이 중심이어서 어떤 공부를 해야 실력이 늘지 파악하기 무척 힘들다. 결국 시험공부를 열심히 해도 성과가 미미할 수도 있다. 반면, 영어는 공부하면 한 만큼 실력이 늘기에 고득점을 따기 쉽다. 나머지 사회 계열 한 과목만 집중하면 입시에 충분히 승산이 있는 것이다.

사립대학의 이공계를 목표로 하는 경우도 마찬가지다. 이공계는 아무래도 이과나 수학 과목을 잘하고 국어와 영어는 잘 못하는 학생이 많기 때문에 영어 점수를 잘 받으면 유리할 수밖에 없다.

국립대학도 다를 게 없다. 입시 과목이 많아 그만큼 힘들지만 과목당 배점은 적어지기 때문에 영어에서 고득점을 따면 점수가 좋지 않은 과목을 커버할 수 있다.

결국 사립대학의 이공계를 지망하든 국립대학을 지망하든 일단 영어를 잘하면 합격할 확률이 높다는 것이다.

물론 영어만 중요한 것은 아니다. 다른 과목도 중요하고, 의미가 있다.

하지만 일본의 현 입시제도에서 확실히 점수를 받기 쉬운 과목이 영어임은 틀림없는 사실이다. 그래서 영어를 잘하면 여러모로 장점이 많은 것이다.

공부를 잘하고, 좋은 대학에 입학하면 주위에서 "와우, 그 대학에 합격했어? 너 우수하구나!"라든지 "대단히 머리가 좋구나!"라고 흔히들 말하게 된다. 하지만 두뇌보다 전략이 중요하다. 사람에 따라서 싸우는 방법은 다양하다.

여러분은 어떤 전술을 쓰면 좋을까? 시험에서 승리하기 위해 무조건 공부만 하는 것이 답은 아니다. 어떤 전략을 세우느냐가 매우 중요하다.

国어에
대처하는 방법

그렇다면 국어는 어떠한가?

국어 학습의 기본은 바르게 읽고, 쓰고, 듣고, 말하는 것이다. 우리는 생활 속에서 모국어를 쓴다. 자신이 나고 자라면서 습득한 언어를 '모국어'라고 하는데, 우리말을 모국어로 하는 사람은 뭔가를 공부할 때도 국어를 사용하기 마련이다.

다른 사람과의 의사소통도 당연히 국어를 사용한다. 이처럼 자신의 생각을 표현하는 것도 국어이기 때문에 국어를 잘못하면 여러 상황에서 불리하고 제약이 많다. 따라서 국어 실력을 늘리는 것은 기본 중의 기본이다.

하지만 시험 과목 중에서 공부하는 방법이 가장 어려운 과목도 국어다. 특히 현대국어가 문제다. 고문이나 한문은 달달 달 외우면 점수를 잘 받을 수 있다. 하지만 현대국어의 독해는 지식만으로 푸는 것이 아니다. '이것이 정답!'이라는 절대적인 답이 있는 것도 아니다. 따라서 공부해도 성과가 잘 나지 않고, 심지어 공부를 안 해도 잘하는 사람은 잘한다.

물론 언어이기 때문에 누구나 못하라는 법은 없다. 하면 할 수 있다. 그럼에도 국어를 못한다는 것은 필요한 수준까지의 공부가 부족하기 때문이다. 그러나 평생 계속해서 써야 하는 언어이기에 국어야말로 적당히 공부해서는 안 된다.

나는 국어 능력은 어휘력과 문맥력, 두 가지로 정리할 수 있다고 생각한다.

• 어휘력: 사용할 수 있는 언어 수를 늘린다
• 문맥력: 의미를 파악한다

이렇게 간단하게 생각하면 좋다.

그런데 영어에서는 모든 학생이 단어를 열심히 외우지 않는가? 왜냐하면 알고 있는 말, 스스로 사용할 수 있는 말이 늘면 문장을 이해하기 쉽기 때문이다.

그렇다면 여러분은 국어에서도 단어 실력을 기르고 있는가?

초등학생 때는 한자 받아쓰기를 한다(일본은 초등학교 때부터, 한국은 중학교 때 한자를 가르친다-옮긴이). 그러나 국어 단어 실력을 기르는, 즉 어휘력을 늘리는 공부는 거의 하지 않는다.

문맥력은 어떤가? 독해력이란 그 문장이 전달하고자 하는 의미를 파악하는 것이다. 우리는 대화를 할 때도 상대방이 전달하려고 하는 의미를 파악하고 이해해야, 반응하거나 대답을 할 수 있다. 이처럼 문장을 읽거나 쓸 때, 남들과 이야기하거나 말을 들을 때, 우리는 어휘력과 문맥력, 이 두 가지를 구사하는 것이다.

그런데 문맥력, 즉 의미를 파악하기 위한 공부를 여러분은 하고 있다고 말할 수 있는가?

문맥력은
어떻게 기를 수 있을까?

영어를 공부할 때는 단어 실력을 쌓음과 동시에 문법으로 문장의 법칙을 배우지 않는가? 하지만 아무리 문법을 공부해도 문장이 어떤 뜻을 전달하려고 하는지를 확실히 이해했다고는 말할 수 없다. 전후 관계나, 상황, 문장을 쓰는 사람의 입장 등을 파악해야 더 깊이 이해할 수 있기 때문이다. 이것이 바로 문맥을 파악하는 힘이다. 수학 문제에서도 문맥을 파악하지 못하면 뜻을 잘못 파악하는 경우가 있다.

대화를 할 때 말이 잘 통하지 않는 사람은 문맥력이 약하기 때문이다. 문맥력이 약하면 이야기의 흐름이나 의미를 파악하지 못하거나, 상대방이 하는 말을 제대로 이해할 수 없거나,

동문서답을 하게 된다.

문맥력을 높이는 방법은 간단하다. 바로 책을 읽는 것이다.

책을 읽으면 자연스럽게 언어 능력이 길러진다. 우리는 적혀 있는 말의 의미를 파악하고자 책을 읽는 것이다.

예를 들어 추리소설은 깔려 있는 복선에 주의하면 '어? 이것은 조금 수상하지 않나?'라고 상상을 부풀리게 되고, 그럼으로써 훨씬 더 재미를 느끼게 된다. 그러나 복선을 깨닫지 못하면 마지막 결과를 알아도 '음, 그렇군…' 하고 별 감흥을 느끼지 못한다. 그 차이가 무엇인가 하면 내용을 어디까지 이해하고 재미있어 할 수 있는가의 문제다. 즉, 문맥력을 기르면 한층 더 책을 즐길 수 있게 된다. 그래서 책을 좋아하는 사람은 점점 더 책을 많이 읽게 되는 것이다.

만화도 마찬가지다. 만화는 그림으로 되어 있지만 그림이나 대사의 구석구석에 있는 숨어 있는 힌트를 찾으면 그냥 스토리를 따라 읽는 것보다 훨씬 재미있게 있을 수 있다. TV 드라마나 영화도 그렇지만 사람과의 대화도 마찬가지다.

그래서 국어는 시험공부보다 매일매일 생활 속에서 문맥력을 기르기 위해 노력하고, 대화에 주의를 기울이는 것이 가장 좋은 공부법이라고 생각한다.

☀ ————————

잘 못하는 과목을
공부하는 의미

'나는 수학을 잘 못해. 사립 인문계 고등학교는 수학 빼고 3 과목으로 충분하니 이제부터 수학을 버리고 3과목만 공부할 거야.'

이렇게 생각하는 학생도 있을 것이다. 물론 이것도 앞서 내 가 강조한 하나의 시험 전략일 수 있다. 그러나 수학을 선택하 지 않으면 문·이과 상관없이 수학이 입시 과목에 속하는 국립 대학은 선택지에서 아예 제외해야 하지 않는가?

문제는 국립대학보다 사립대학이 훨씬 더 많은 돈을 필요 로 한다는 것이다. 내가 살고 있던 집에서 근처의 국립대학에 다니는 것과, 수도권에서 자취를 하며 사립대학에 다니는 것은 경제적 부담이 전혀 다르다. 보통은 부모님이 대학 등록금을 대주니 경제적인 면도 고려해야 한다.

이처럼 '수학을 못해서'라는 이유만으로 선택지를 좁힌다면 현명한 처사가 아니다. 가능성은 최대한 남겨두는 편이 좋다.

수학을 잘 못하는 사람 중에는 신기하게 요리를 좋아하지 않는 사람이 많다. 수학이라는 것은 순서를 생각하며 하나의 해답을 이끌어내는 논리적인 사고력을 구축하는 학문이기 때문이다.

이과도 어떠한 근거를 기초 삼아 과학적인 이론이나 실험을 거듭하는 학문 분야다. 사물에 대한 객관적이고 냉정한 견해는 과학적인 것이며, 이과적인 사고방식이 뒷받침된 부분이 있다. 그러므로 '나와는 상관없는 것'이라고 단정 짓지 않는 편이 좋다.

축구 경기를 할 때 오른발잡이인 사람이 왼발로 공을 차려고 하면 잘 안 되는 게 당연하다. 하지만 그래도 포기하지 않고 계속 연습하면 그런대로 잘 찰 수 있게 된다. 오른발 기술도 더욱 연마해서 실력을 쌓아야 하겠지만, 오른발로도 왼발로도 다 찰 수 있으면 할 수 있는 기술이 확 늘어나게 되는 것이다.

이처럼 잘 못하는 것을 할 수 있게 되면 행동이 훨씬 자유로워진다. 간단히 말하면 강해진다.

서툰 것을 극복한다는 점에서 학교는 매우 적합한 훈련 장소임을 명심하자.

편식을
없앨 기회

고등학교 공부는 선택 과목이 많아서 '나는 이 과목은 노력해도 잘 못해'라든지 '나에게 필요하지 않아'라는 이유로 피할 수도 있다. 음식으로 치면 편식을 하기 십상인 것이다. 하지만 혼자면 절대로 하지 않을 일을 그래도 꼭 해야만 하는 것이 학교 공부의 좋은 점이다.

문과인 학생이 혼자 공부하며 적극적으로 미분·적분을 하고 싶은 생각이 들까? 이과를 좋아하는 학생이 스스로 고전문학을 읽으려고 할까? 교과목의 하나로 무조건 공부해야 하기 때문에 잘하든 못하든 하는 것이다.

싫어하는 음식이라고 생각했는데 먹어보니 의외로 맛있던

경우가 있는 것처럼, 실제로 해보면 의외로 재미있는 경우가 있다. 학교란 그런 경험을 할 수 있는 곳이다. 그런 의미에서 시험에 없는 과목도 무시해서는 안 된다.

학교에서 공부하는 것은 기본적으로 사고력을 기른다는 공통점이 있다. 그러므로 '머리를 더 유연하게 쓰고 싶다'라고 생각한다면 다양한 과목을 선택하는 편이 좋다.

골고루 공부해두면 전체적으로 실력이 붙기 때문이다.

이렇게 쌓은 종합적인 실력이 사회생활을 하는 데 있어서 꼭 필요한 기초 실력이 된다. 사람과의 만남도 마찬가지다. 학교에는 다양한 사람이 있다. 처음에는 자신과 전혀 달라 절대 친해지지 않을 것 같았는데, 제대로 알고 난 뒤 굉장히 좋은 친구가 되기도 하는 것이다.

반복하는 노력은
헛되지 않는다

나는 그동안 살아오면서 시험공부에 막대한 시간을 쏟아왔
다. '시험에 너무 많은 시간을 낭비한 것 같아!'라고 후회한 적
도 있을 정도다.

그러나 천성이 게을렀던 내가 대학에서 강의를 하고, 책을
출판하고, 여기저기에 강연을 다니고, TV나 라디오에 출연하
면서 매일매일 성실하고 부지런하게 일하고 있는 것은 학창
시절 시험이라는 목표를 향해 공부하는 습관을 들였기 때문
인 것 같다.

주어진 일을 제대로 할 수 있는 게 과거에 했던 시험공부 덕
인 것이다. 그렇게 생각하니 '아, 그 시간이 헛된 것이 아니었

구나!'라고 깨달았다.

'시험 때문에'

'해야만 하니까'

라는 이유도 괜찮다.

지금 공부한 것은 언젠가 반드시 나에게 되돌아온다는 것을 꼭 기억하자.

시험은 자신의 강함,
자기답게 싸우는 방법을
찾는 기회다.

5장

/

책과
어떻게 교제할 것인가?

☀ ──────────

책은 어디로든
문

TV를 보고 있는데 한 가수가 이런 말을 하는 것을 들은 적
이 있다.

"책은 새로운 세계로 데려가줘요. 책은 저에게 도라에몽의
'어디로든 문'이랍니다."

'책은 어디로든 문'이라니 매우 적절한 비유라는 생각이 들
었다('어디로든 문'은 만화 도라에몽의 비밀도구 중 하나로 가고 싶은 곳 어
디든 데려다준다-옮긴이).

책장을 펼치면 다양한 세상이 펼쳐진다. 저자가 상상한 것

을 글로 표현한 덕에 우리는 저자의 상상을 이해하는 기쁨을 맛보고, 나아가 상상하는 즐거움을 만끽할 수 있다. 최근 들어 가상현실 기기가 하루가 다르게 나오고 있는데, 책이야말로 원조 가상현실 기기라고 할 수 있는 것이다.

물론 문자를 따라 읽어야 하기에 귀찮다고 생각하는 사람도 많다. 그러나 영상이나 음성을 일방적으로 보고 듣는 것과 달리, 스스로 적극적으로 상상의 세계에 발을 내디뎌야 하는 것이 바로 책만이 가진 매력이다.

상상력의 날개를 펼치면 눈에 보이지 않는 세상을 한없이 바라볼 수 있다. 그때의 상상력은 한없이 자유롭다. 상상의 세계에서 뛰어노는 것만큼 사치스러운 일이 인간에게 또 있을까?

책이라는 '어디로든 문'을 즐기지 않는 것은 매우 안타까운 일이다.

☀ ————————

외로울 때는
책을 읽자!

책이 옆에 있으면 절대 지루하지도 외롭지도 않다.

요즘은 너나할 것 없이 스마트폰 의존증에 걸린 것 같다. 전철을 타도, 길을 걸을 때도, 집 안에서도 스마트폰을 손에서 놓지 않는다. 학교에서는 사용을 금지하지만, 교문을 나서자마자 학생들은 곧바로 가방에서 스마트폰을 꺼내든다.

그러나 이렇게 언제나 누군가와 어딘가와 연락할 수 있기에, 오히려 안정이 안 된다. 다른 사람들과 항상 연결되어 있다고 해서 외롭지 않은 것은 아니기 때문이다.

이에 나는 큰 소리로 외치고 싶다. '외로우면 책을 읽자! 고독해지면 책을 읽자!'고 말이다.

책은 원칙적으로 혼자 읽는다. 하지만 책을 읽으면서 '고독하다', '외로워 죽겠다'고 느끼는 사람은 없다. 왜냐하면 책과 마주하는 것 자체가 타인과 마음을 나누는 것이기 때문이다.

즉, 책을 읽는다는 것은 저자와 대화를 나누는 것이다. 저자뿐만이 아니다. 책에 나오는 등장인물과 마음을 나누는 일이기도 하다. 그러므로 책을 읽고 있을 때는 혼자 있어도 혼자가 아닌 것이다.

어느 아동문학 작가가 이렇게 말한 적이 있다.

"나는 어릴 때부터 병약해서 책을 읽는 것 말고 다른 일을 할 수 없었다. 하지만 책이 있었기에 나는 절대 외롭지 않았다. 그래서 나도 아동문학 작가가 되었다."

책이 있으면 혼자 있어도 외롭지 않다. 책이 있으면 사람은 고독에서 벗어날 수 있기 때문이다.

‐☀‐ ────────

'이 기분 이해해',
'괴로워하는 것은 나만이 아니다'

소설 『불꽃』으로 아쿠타가와상을 받은 마타요시 나오키 씨
는 중학교 때부터 다자이 오사무(20세기 일본 근대문학의 대표적인
소설가-옮긴이)나 아쿠타가와 류노스케(합리주의와 예술지상주의를
바탕으로 한 작품을 많이 남긴 소설가-옮긴이)의 작품을 많이 읽었다
고 한다. 『밤을 넘다』라는 책 속에서 마타요시 씨는 다자이 오
사무의 『인간 실격』을 읽었을 때의 일을 이렇게 묘사했다.

'이 주인공, 내 머릿속에서 이야기하고 있어. 나와 비슷하게
말하고 있어!'

누구도 내 마음을 알아주지 않는다고, 이런 고민을 하는 사
람은 나뿐일 것이라고 생각하고 있을 때, 『인간 실격』을 만나

자신과 같은 고민하고 생각하는 사람이 있다는 사실을 깨달았다는 것이다.

'아, 그런 느낌 나도 있어!', '이해해!'라는 느낌과 공감. 책과 대화하는 것은 바로 그런 것이다. 마타요시 씨는 이에 관해 다음과 같이 저술하고 있다

'책을 만나고, 근대문학을 만나고, 나와 같은 고민을 가진 사람이 있다는 사실을 알게 된 것은 정말 대단한 일이었다. 책을 읽음으로써, 책과 말함으로써, 나는 그제야 타인과 그리고 내 자신과 교제하는 방법을 알게 된 것 같았다.'

친구 관계가 수월치 않다든지, 자신이 이대로도 괜찮은지 고민을 하고 있을 때, 나와 연결된 사람들이 있다는 것은 매우 마음 든든한 일이다. 고민이 없어지지는 않을지라도 마음을 가라앉힐 수 있기 때문이다.

이렇게 '나는 혼자가 아니야'라고 생각할 수 있게 해준 책은 평생의 친구가 된다.

카프카의 『변신』은 어느 날 아침에 일어나니 자신이 거대한 해충이 되어 있었다는 이야기로 시작된다. 어찌 보면 허무맹

랑한 설정이다. 하지만 벌레로 살아가게 된 주인공 그레고르 잠자의 안타까운 심정은 어찌할 수 없는 괴로운 상황에 놓인 인간의 감정을 강렬하게 보여준다.

학교에 가고 싶지 않은 마음이라든지, 어디에도 자신이 있을 곳이 없는 것처럼 느껴지는 심정이라든지, 읽는 사람의 심리 상태에 따라 와닿는 게 있을 것이다. 소설은 가공의 이야기이지만 거기에 그려진 인간의 감정은 그만큼 지극히 현실적이기 때문이다.

책을 읽는다는 것은 인간이 가진 다양한 감정을 만나는 것이다.

책 속에 공감할 만한 감정이 많이 있으면, 현실에서의 친구는 적어도 자신을 지지해주는 친구가 많이 있는 것이다. 이렇게 마음의 친구라고 생각하는 책을 쓴 작가를 만나면 그의 다른 작품도 읽고 싶어진다. '맞아 맞아, 이 느낌이야!', '이것도 잘 이해가 가!', '이 책을 써줘서 고마워!'라는 마음이 드는 것이다.

좋아하는 책, 좋아하는 작가는 그렇게 늘어간다. 이는 어떻게 보면 SNS에서 팔로우하는 사람이 늘어가고 '좋아요!'를 누르는 것과 같다.

-☼- ━━━━━━━━━

계기는
호기심이다

계기는 언제나 호기심에서 시작된다. SNS에서 누군가를 팔로우하는 것도 '어떤 사람일까? 알고 싶다!'라는 마음에서 시작되는 것이지 않은가!

책도 마찬가지다.

'이 책의 문을 열면 도대체 무엇이 있을까?'라는 호기심이 책을 손에 들게 하고 페이지를 넘기게 해준다. 막상 읽기 시작했는데 자신과 맞지 않는 부분이 나오면 건너뛰고 읽어도 된다. 도중에 그만두어도 된다. 어떻게 책과 교제하든 그것은 자유니까.

중요한 것은 흥미를 가지고 책을 읽기 시작했다는 사실 자체다. 처음에는 재미없었는데 한참 후에 다시 읽어보고 '이렇게 재미있는 책이었나?'라는 생각이 들 때도 있을 것이다.

책이 싫어하는 마음을 없애 줄 때도 있다.

수학을 잘 못했던 학생이 유명한 수학자의 전기를 읽고 수학에 대한 반감이 많이 사라졌다는 말을 들은 적이 있다. 수학자 중에는 상당히 독특한 사람이 많지 않은가. 그래선지 수학자들과 연관된 흥미로운 일화들이 정말 많은데, 그와 관련된 책을 읽으면 수학이 조금이나마 친근하게 다가올지도 모른다. 적어도 '수학은 너무너무 싫은 것'이라는 의식은 바뀔 수 있지 않을까?

또한 책을 읽으면 모르는 것을 알아가는 즐거움 이상으로, 없는 것을 상상하는 즐거움도 크다. 추리소설이든 공상과학소설이든 상상 속에서 만들어낸 세계가 잘 만들어져 있을수록 거기에서 노니는 즐거움이 있는 것이다.

나는 책을 읽을 때마다 사람으로 태어나길 잘했다는 생각을 많이 하게 된다.

만화 『진격의 거인』은 크게 히트를 쳐서 영화화되기도 했는데, 처음에 읽었을 때는 '뭐지, 이 세계는?' 하고 매우 놀랐던 기억이 있다.

　이처럼 상상의 세계에서는 그 어떤 것이든 만들어낼 수 있다. 그러고 보면 인간의 상상력이라는 것은 정말 대단하지 않은가! 이러한 것을 많이 알아갈수록 세상은 점점 더 넓어진다. 상상의 세계에서 논다는 것은 자신의 상상력이 점점 풍요로워진다는 뜻이다.

─☼─────────────

책의 세계에 빠져들수록
재미있어진다

라이트 노벨(소설과 영화, 애니메이션이 결합된 소설-옮긴이)이나 영화 시나리오나 원작도 괜찮다. 중요한 것은 별생각 없이 읽지 말고, 제대로 읽어야 한다는 것이다. 어떤 책도 좋으니 작가가 창조한 세계에 깊이 빠져드는 것이다.

그러면 뇌는 '좋은 자극이 생겼어!' 하고 기뻐한다. 책 속의 세계에 빠져들수록 뇌가 활성화되며 점점 재미있어진다.

전에 『해리포터』가 너무 좋아서 시리즈 전체의 내용을 완벽하게 기억한다는 학생을 보고 놀랐던 적이 있다. 그는 "이 대사는 어디에 나오는 걸까?"라고 물어보면 "몇 권 어디에 나오는 누구의 말"이라고 즉각 대답할 수 있을 정도였다.

"해리포터를 너무 좋아해서 몇 번이고 반복해서 읽었기 때문에 자연스럽게 기억할 뿐이에요."

제대로 빠져들면 이러한 일도 가능하다. 그에게 해리포터는 거의 피와 살 같은 신체 일부가 되어 있었던 것이다.

주위에 보면 만화 전권을 구입해서 반복적으로 읽는 사람도 꽤 많다. 그러다 보면 자연스럽게 대사가 머리에 박히지 않겠는가? 자기가 원할 때 대사가 입에서 툭 튀어나올 만큼 책의 세계가 자신의 것이 된 것이다.

그것은 단지 만화이기 때문에 가능한 게 아니다. 자신이 그 세계로 완전히 몰입했기 때문이다. 읽지 않고는 견딜 수 없고, 기억하지 않을 수 없는 상태가 뇌를 기쁘게 하고 '재미있어!'라고 느끼게 해주는 것이다.

그러므로 그냥 애매하게 좋은 느낌에서 한 걸음 더 나아가, 완전한 팬이 되자.

그렇게 좋아하게 되면 쉽게 몰입할 수 있다.

그렇게 되면 작가의 다른 작품도 찾아 읽어본다든지, 연관된 다른 작품을 읽어보고 싶다든지, 줄줄이 사탕처럼 흥미가 점점 더 많이 생기게 된다. 이렇게 순환되는 독서 체험을 하게 되면 책은 자연스럽게 좋아질 수밖에 없다.

책은 옛사람과
나를 이어주는 통로

나는 어린이들에게 고전을 이해하기 쉽게 전달하고자 여러 권의 책을 출판한 적이 있다. 그중에 한 권이 『강하고 유연한 마음을 기른다! 어린이 손자병법』이라는 책인데, 의외로 꽤 좋은 평가를 받았다.

『손자병법』은 중국의 춘추시대에 저술된 세계에서 가장 오래된 병법책이다. 즉, 싸우는 방법이나 군대 운용에 관한 책이다. 그래서 까마득히 오래전인 중국의 서적, 그것도 전략에 대해 쓴 책이 21세기의 어린이들에게 과연 다가갈 수 있을까? 과연 흥미로울까? 말도 안 된다고 생각하지 않을까? 이런 의심을 하는 이들도 있을 것이다.

그러나 전혀 아니다.

'어떤 마음을 가지면 강하게 살 수 있을까?'라는 지혜에 대한 질문은 옛날이나 지금이나 필요하기 때문이다.

나는 초등학교 때부터 인간관계에 대한 고민이나 불안을 안고 있는 요즘 아이들이 이 책을 읽으면 용기나 힘을 얻을 수 있다고 확신한다. 이 책을 읽으면 든든한 아군을 얻은 듯 힘이 생기는 느낌을 받을 것이다. 아주 오래된 책이 지금의 초등학생 마음에도 영향을 충분히 줄 수 있다고 말이다. 예를 들면 책 속에서 이런 말이 있다.

'이로우면 즉시 움직이고, 이롭지 않으면 즉시 멈춘다.'

(해설: 무언가를 시작할 때는 자신이 좋아하거나 싫어하는 게 중요한 게 아니라, 유리한지 불리한지로 생각하는 것이 중요하다.)

이 말은 학생들이 어떤 과목을 선택해야 할지 고민일 때, 꼭 기억했으면 하는 말이다.

또 이런 말도 있다.

'의미 있는 도망도 있는 법이다. 당하지 못할 것 같으면 재빨리 도망가라.'

적을 이길 수 없다는 것을 알았다면 도망가야 한다는 뜻이다. 필요한 것은 눈앞의 싸움에서 이기는 것이 아니라, 다시 도전할 수 있도록 미리 안전을 확보하는 것임을 말한다. 이 말은 왕따를 당해서 괴로움을 겪고 있는 학생들이 꼭 기억했으면 좋겠다.

이처럼 옛날 중국의 전술서가 요즘 시대에도 충분히 용기를 북돋아줄 수 있다. 이것이 바로 책의 좋은 점, 책이 가진 위력이다.

이야기를 들으러 가는 느낌으로 책과 만나자

그러므로 옛날 것이니 고리타분하다든가, 자신과는 상관없는 분야의 이야기라고 단정 짓지 않는 편이 좋다. 훌륭한 조상들이 귀중한 지혜를 후손을 위해 남긴 것이 바로 고전이다. 책을 읽는다는 것은 그들의 은혜를 받는 것이다.

옛날부터 많은 사람이 읽어 온 고전 명작은 '참 좋은 말이네', '용기를 받을 수 있었어'라고 많은 사람들이 이구동성 평가하는 좋은 내용을 담고 있다. 수많은 세월이 흘러도 아직까지 인기가 있다는 것은 역시 사람을 끌어당기는 매력이 있기 때문이다.

따라서 '그 사람 옛날 사람 아니야?'라든지 '어려운 말은 싫어'와 같은 선입관을 가지지 말고 자신에게 꼭 필요한 내용이 담겨 있다고 생각하는 것이 좋다.

옛 저자이지만, 지금 살아 있는 사람이라고 생각하고 만나는 것이 중요하다는 뜻이다.

『논어』는 공자의 제자들이 '선생님은 이런 말씀을 하셨다'라고 공자가 한 말을 정리한 책이다. 그러므로 『논어』를 읽을 때는 자신도 제자들 중 한 사람이 된 기분으로 읽으며, 공자가 자신에게 말해주는 것이라고 생각하면 쉽게 다가갈 수 있을 것이다. 절대 어렵다고 생각할 필요는 없다. 이렇게 자신에게 말해주는 것이라 생각하면 2,500년 전 사람이라도 매우 친근하게 느껴지게 된다.

'자신이 하고 싶지 않은 일을 남에게도 시켜서도 안 된다.'
'온고지신(溫故知新).'
'잘못을 하고도 고치지 않는 것을 잘못이라고 한다.'
'의를 보고도 행하지 않는 것은 용기가 없는 것이다.'

이처럼 『논어』에는 격언으로 삼을 만한 말이 정말 많이 나온다. 한마디 한마디가 '정말 그래!'라고 공감할 수밖에 없는 말들이다.

이는 나에게 말하는 것이며, 내 삶을 위한 힌트라고 생각하면, 가슴에 확 와닿지 않을까?

내가 처음 『논어』를 읽은 것은 고등학교 때였다. 자발적으로 읽은 게 아니라 어쩔 수 없이 읽을 수밖에 없었지만, 결국에는 '좌우명으로 삼고 싶은 말을 공자라는 사람이 이렇게 많이 했다니 굉장해!'라고 감동하고 말았다.

그 이후 나는 공자를 마음의 스승으로 삼았다.

☼ ——————

마음의 스승은
몇 명이든 상관없다

　나는 책을 읽고 크게 감명 받아 존경심이 생기는 저자를 만나면, 그를 곧바로 내 마음의 스승으로 삼는다.

　중학생 시절 내가 만난 마음의 스승은 몇 명이나 되었는데, 그중에는 나폴레옹도 있고, 겐코 법사도 있고, 가쓰 가이슈(에도시대부터 메이지시대에 활약한 고위 관료-옮긴이)도 있다. 거기에 공자도 새로운 마음의 스승으로 삼은 것이다.

　이렇게 나는 한 명이 아닌 여러 좋은 선생님들의 말과 사고방식에서 배울 점을 취했는데, 소크라테스 또한 고등학교 시절 내 마음의 스승이 되어주었다.

　소크라테스는 고대 그리스의 철학자다. 그런데 철학자의

책은 당연히 어려울 것이라 생각해 처음부터 피하는 사람들이 많다. 특히 중고등학생들은 더욱 그럴 것이다.

공자도 그랬지만 소크라테스 역시 스스로 책을 집필하지는 않았다. 그는 언변이 좋아 집회에서 이야기를 하면 크게 인기를 얻었다. 하지만 모함으로 죄를 뒤집어쓰고 사형 선고를 받고 만다. 그래서 그의 제자인 플라톤을 비롯한 주변 사람들이 그를 감옥에서 구출하려고 했지만 "악법도 법이니 이를 따르겠다"고 말하며 독배를 마셨다.

나는 그가 한 말도 훌륭하지만, 삶의 방식 자체도 늠름하기 그지없기 때문에 충분히 스승으로서 존경할 만하다고 생각했다.

플라톤을 비롯한 제자들은 스승 소크라테스의 말을 널리 전하고자 그의 말들을 기록하기 시작했다. 그래서 소크라테스의 책은 기본적으로 문답 형식, 대화 형식으로 구성되어 있다. 그래서 매우 읽기 쉽다.

괴테도 내 마음의 스승이다. 괴테의 유익한 말들을 알고 싶다면 에커만의 『괴테와의 대화』라는 책을 추천한다. 이 책은 저자인 에커만이 청년일 때 말년의 괴테를 가까이하며 9년여 동안 나눈 대화를 기록한 책이다. 괴테는 책에서 인생을 살아가는 데 힌트가 될 만한 것들을 젊은이가 이해하기 쉽게 말하고 있다.

에커만 곁에서 나 자신도 괴테의 말을 듣고 있다고 생각하면, 그의 한마디 한마디가 가슴에 깊이 다가온다.

얼핏 사상가이자 철학가들은 무언가 굉장한 사람, '지식의 거인'이라는 생각에 멀게 느껴지지만, 이들은 말하자면 '사람으로서 어떻게 살면 좋을지'를 깊이 생각한 사람들일 뿐이다.

책은 저자의 말을 기록한 것이다. 그러니 '지식을 얻자', '교양을 쌓자'라는 굳은 각오로 임할 필요가 없다. 오히려 저자의 말을 접해본다, 인격을 알아본다고 생각하는 편이 좋다. 특히 책을 소리 내어 읽으면 좀 더 나에게 말해주는 강한 느낌이 들 것이다.

이렇게 내 안에 여러 선생님들의 말이 스며들어 뿌리를 내리면, 그들의 유익한 말과 합리적인 사고방식이 내 마음을 지지해준다.

그러면 나 자신이라는 인간의 기초가 확실해진다. 세상이라는 땅에 작은 뿌리를 내린 '나'라는 나무가 자라 풍성해지고, 이윽고 풍성한 숲으로 변해가는 것이다.

앞서 내가 강조하지 않았던가! 종류가 다른 여러 가지 가능성의 나무를 기르자고, 다양성의 숲을 기르자고 말이다.

책을 읽는 일은 바로 자신의 숲을 풍요롭게 기르는 데 꼭 필요하다.

마음의 숲에 나무를 심는 것이다.

어휘력을
길러야 한다

학교나 보습학원에는 이른바 카리스마 있고 인기가 많은 선생님이나 강사들이 꼭 한두 명씩 있다. 그들이 인기가 있는 이유는 당연히 학생들을 잘 가르치기 때문이다. 특히 훌륭한 선생은 단순히 지식을 가르쳐주는 것이 아니라, 사물을 보는 방식, 즉 사고방식을 가르쳐준다.

이런 문제는 어떻게 이해하고, 어떻게 대하는 것이 정답인가? 어떤 사고 회로로 생각하면 좋을까? 어떻게 하면 자신의 힘을 효과적으로 키울 수 있을까? 이런 힌트를 주는 것이다. 당연히 선생님들의 강의를 듣고 있으면 머리가 좋아지는 느낌을 받게 된다.

책을 읽는 것도 마찬가지다. 책은 보통 머리 안에 있는 사고를 표현하는 데 능숙한 사람, 말을 자유자재로 구사할 수 있는 사람이 쓴다. 이렇게 언어 능력이 뛰어난 저자의 글을 읽으며 마음의 반석으로 삼으면, 자연히 내가 사용하는 말과 글도 영향을 받게 된다. 알고 있는 말, 써보고 싶은 말, 사용할 수 있는 말이 늘어나는 것이다. 한마디로 어휘력이 축적된다는 뜻이다.

그래서 책을 읽는 사람은 자연스럽게 어휘력이 향상된다. 좋은 말 선생, 뛰어난 국어 강사가 나와 함께하는 것이다.

실제로 나는 대학생들과 만나 대화할 기회가 많은데, 그들과 이야기를 나누다보면 '이 학생은 어떤 책을 읽어왔을지'를 어느 정도 짐작할 수 있다. 성인인데 어휘력이 부족해서 어린아이 같은 말투를 구사하는 이라면 그만큼 독서량이 적었음을 짐작할 수 있다. 책을 읽지 않으면 그 사람의 말에 고스란히 표가 나는 것이다.

반면, 독서량이 많은 사람은 말의 선택이 다르다. 신문을 읽는 사람과 읽지 않는 사람도 상당히 다르다.

'머리를 좋게 하고 싶지만 무엇을 어떻게 해야 할지 모르겠다'고 고민하는 학생이라면 우선 책을 읽자. 책과 신문을 읽으면 어휘력과 문맥력은 자연스럽게 길러진다.

읽는 속도를
빨리할 것

읽는 속도가 더딘 사람은 이래저래 손해가 많을 수밖에 없다. 예를 들어 시험을 볼 때 문제를 읽는 데 시간을 빼앗기게 된다. 그만큼 생각할 시간이 줄어들 수밖에 없다. 장문의 독해 과제가 나오면 읽는 데만 시간이 걸려 시험을 그르칠 가능성이 높다.

이런 사람은 대학에서 리포트를 쓸 때도 힘들 수밖에 없다. 리포트를 쓰려면 다양한 참고 자료를 읽어야 하는데 시간을 너무 많이 잡아먹는 것이다. 직장에서 일할 때도 신속하게 읽는 능력은 필수다. 주어진 회의 자료를 재빨리 읽지 않으면 토론에 참여하지 못하기 때문이다. 읽는 것이 더디다는 것만으로도 '능력 없는 사람'이라는 낙인이 찍히기 쉬운 것이다. 그런데 읽는 속도가 빠르고 늦는 것은 타고난 것보다, 연습의 문제다.

프로야구 경기에서 삼관왕을 석권한 오치아이 히로미쓰 감독이 이렇게 말하는 것을 들은 적이 있다.

"프로야구에서 인정받기 위해서는 빨리 프로의 스피드에 익숙해져야 한다."

실제로 시속 140킬로미터의 공이 날아오는 타석에 처음 서면 절대로 공을 칠 수 없다고 한다. 하지만 시속 140킬로미터 공을 치는 연습을 계속하면 어느 순간 칠 수 있게 된다는 것이다. 연습하면 익숙해지기 때문이다.

읽는 것도 마찬가지다. 빠른 속도에 익숙해지도록 읽다 보면, 누구나 빠르게 읽을 수 있다.

그래서 나는 초등학생이든 성인이든 '빠른 음독'을 시킨다. 빠른 속도로 음독하는 습관을 들이기 위해 타이머를 들고 시간을 잰다. 이렇게 빨리 읽는 연습을 하면 몸이 리듬에 익숙해져서 점점 힘들이지 않고, 별 무리 없이 읽을 수 있게 된다.

이렇게 속독으로 읽는 속도가 빨라지면 머리의 회전 속도도 높아지는 느낌을 받는다. 근육운동 전문가로 유명한 가와시마 류타 선생의 말에 따르면, 빠른 속도로 음독할수록 실제로 뇌의 회전이 빨라지는 훈련 효과를 보인다고 한다.

빨리 읽으면 뇌의 시냅스(신경부위 말단이 다른 신경세포와 연결되는 부분-옮긴이)들이 서로 연결되기 쉽기 때문이다. 익숙해지면 묵독(黙讀)으로도 빨리 읽을 수 있게 되며, 당연히 같은 시간에 더 많은 분량을 읽을 수 있게 된다.

이처럼 빠르게 많이 읽으면 그만큼 간접 경험이 풍부해지기 때문에 의미를 파악하는 힘, 즉 문맥력도 자연스럽게 향상되기 마련이다.

이는 어른이 된 후에도 충분히 훈련할 수 있는데, 그래도 가능하면 빠른 시기에 익히는 것이 효과적이다. 특히 10대 때는 머리가 유연하므로 효과도 곧바로 나타난다.

☀ ————————

독서를
생생한 체험으로 만들자

나는 책을 읽을 때 빨강, 파랑, 녹색의 삼색 볼펜으로 선을
그으면서 읽는다고 앞서 말한 적이 있다. 파란색은 객관적으
로 중요한 부분, 빨간색은 가장 중요한 부분, 녹색은 내가 주관
적으로 흥미로웠던 부분을 체크하는 것이다.

그래서 내게 책에 선을 긋는다는 것은 저자와 대화를 하는
것과 같다. 흔히 남의 이야기를 들을 때, 수긍하거나 맞장구를
치지 않는가? 그런 느낌인 것이다.

그리고 '나도 정말 깊이 공감합니다!'라고 느끼는 대목이 나
오면, 선만 긋는 게 아니라 옆에 스마일 마크(☺)를 따로 그려
놓기도 한다. 또한 큰 자극을 받아 눈이 휘둥그레진 부분에는

'그렇군, 진짜 좋은 공부가 되는군요!'라는 마음으로 감탄 부호인 '!'나 '⊙'마크를 그린다.

이렇게 표시를 하면 공감하거나 자극받았던 부분을 한눈에 확인할 수 있다. 나중에 다시 읽었을 때 '내가 이렇게 생각했었구나!'라고 쉽게 기억할 수 있는 것이다.

책에 자신이 읽은 흔적을 남기자. 책에 메모하는 것을 '책을 소중히 하지 않는 나쁜 버릇'이라고 비판하는 사람들도 더러 있지만, 내 생각은 다르다. 확실히 읽었다는 흔적이 있기에 오히려 내 자신에게 그 책은 더 소중한 것이 될 수 있다. 독서가 나만의 생생한 체험이 되는 것이다.

물론 도서관이나 다른 사람에게서 빌린 책에는 줄을 치면 안 된다. 이것은 기본 매너다. 그만큼 빌린 책은 구체적이고 유익한 체험을 하기 힘들 수밖에 없다. 그러나 독서는 단순한 정보 습득에 그치는 게 아닌, 실질적인 체험이 되어야 한다. 그래서 나는 가능한 한 책을 빌리지 않고, 중고라도 좋으니 사서 읽는다. 이 책을 읽는 학생들에게도 나만의 방법을 추천하고 싶다.

책과 나를
연결해서 생각할 수 있는가?

카프카의 『변신』을 읽고 '에이, 이게 뭐야? 정말 끔찍해!'라는 감상에 그쳤다면, 독서는 그것으로 끝이다. 그 책이 나 자신의 숲속에서 나무가 되지 못한다.

반대로 '만일 내가 그의 입장이라면 어땠을까?'라는 마음으로 상상력을 동원하거나 안타까운 감정에 공감한다면 오래도록 기억에 남는 인상적인 이야기가 된다. 즉, 책과 나를 연결해서 생각할 수 있는지 없는지에 성공적인 독서가 달려 있는 것이다.

아쿠타가와 류노스케의 『거미줄』은 극락과 지옥 이야기를 다루고 있다. 책 내용은 이렇다. 칸다타라는 도둑이 못된 짓만

하다가 지옥에 떨어졌는데, 살아 있을 때 거미를 살려준 선행을 보고 부처님이 보답으로 거미줄을 내려준다. 거미줄을 잡고 지옥을 빠져나오라고. 하지만 칸다타는 다른 죄수들이 자신을 따라 거미줄을 기어오르는 것을 보고 불안에 빠진다. 한 가닥 거미줄이 무게를 이기지 못하고 끊어질까 두려웠던 것이다. 결국 칸다타는 혼자라도 살고 싶은 욕심에 거미줄을 흔들었는데, 그 순간 위쪽에서 거미줄이 끊어지는 바람에 칸다타 역시 다시 지옥으로 떨어진다는 이야기이다.

이 책을 읽고 내가 책과 연결되었는지 아닌지를 확인해볼 수 있는데, 『거미줄』을 읽기 전과 읽은 후, 내 안의 무언가가 변했는지 생각해보면 된다. 예를 들어 밖에서 우연히 거미를 발견하고는 '죽여 버리면 가엾다. 대도 칸다타조차 도와주려고 하지 않았던가!'라고 생각했다면, 책과 내가 연결된 것이다.

곤란한 일을 겪고 있는 친구가 내게 의지해 왔을 때 '남의 일은 난 몰라. 내 일에 방해가 될 뿐이야'라고 생각하며 관심을 두지 않는다면? 반대로 '아니, 그러면 안 돼. 그런 짓을 하면 칸다타처럼 지옥에 떨어질 거야'라고 마음을 고쳐먹는다면? 이런 연상을 통해 나 자신의 행동이 달라진다면, 비로소 독서가 체험이 되고, 책이 교훈이 된 것이다.

나는 '만났을 때를 축제로'라는 말을 종이에 자주 쓴다. 우연한 만남일지라도 만날 수 있어서 다행이라고 말이다. 그래서 만남을 축제로 만들자고!

특히 책과의 만남이야말로 크게 축하할 일이라고 할 수 있는데, 왜냐하면 이 세상에 도대체 얼마나 많은 책이 나오겠는가? 책방이든, 도서관이든, 방대한 책들 속에서 '이것 한번 읽어볼까?'라고 책을 손에 들었다는 것은 그것만으로도 이미 기적 같은 만남이기 때문이다.

이렇게 기적처럼 만나게 된 책이 마음의 친구가 되기도 하고, 스승이 되기도 한다. 많은 교훈을 주기도 하고 나를 지켜주는 것이다.

무엇보다 책에는 다양한 인간이 그려진다.

'굉장해, 멋있어. 이런 사람이 되고 싶어'라는 마음이 드는 등장인물이 나오는가 하면, '절대 이런 사람은 만나고 싶지 않아'라는 생각이 들게 만드는 인물도 있고, '이보다 얄미운 사람이 있을까? 너무 밉상스러워'라는 생각이 드는 인물도 등장한다.

이렇게 책 속에는 다양한 사람들이 제각각 살아 숨 쉬고 있다. 실생활에서는 웬만해서는 체험할 수 없는 일도 우리는 책

속에서 유사 체험을 할 수 있다. 나아가 그것을 자신과 연결해서 '나는 어떻게 살아야 하나?'라는 질문에 좋은 참고가 될 수도 있다. 나 자신을 한층 더 성장시킬 수 있는 기회가 되는 것이다. 심지어 도저히 어쩔 수 없는 최악의 등장인물도 반면교사(부정적인 측면에서 교훈을 주는 사람-옮긴이)가 되어줄 수 있다.

이런 식으로 읽으면 어떤 책을 읽어도 시간 낭비란 절대 없다. 반드시 얻는 것이 있고, 무언가를 나 자신에게 가져다준다. 특히 여러 방면에서 책과 자신을 연결할수록 책에서 많은 것을 얻고 실천할 수 있다. 결과적으로 점점 책을 좋아하게 된다.

책을 친구 삼으면
당신은 평생 혼자가 아니다!

6장

좋아하는 것에
몰두한 적이 있는가?

☼ ————————

좋아하는 것만 하면서
살아갈 수 있을까?

여러분은 뭔가에 깊이 빠져서 열중해 본 적이 있는가?

지금 이 순간에도 많은 중고등학생들이 좋아하는 것과 해야 하는 것, 즉 공부 사이에서 괴로워하고 있다. 나 역시 예외는 아니었다. 중학생 때 나는 서클 활동으로 테니스를 했는데, 평소에는 서클 활동을 중심으로 생활하다가 중간고사나 기말고사가 닥치면 2주 정도 벼락치기 공부로 시험을 치르곤 했다. 이렇게 시험 기간이 되면 좋아하는 운동을 못하고 공부에만 집중해야 하니 태어나서 처음으로 노이로제에 걸릴 정도였다. 공부해야 한다는 사실은 알고 있지만 에너지를 발산하지 못해서 짜증이 났던 것이다.

그때 다행히 친구와의 수다스러운 공부가 큰 도움이 됐는데, 암기한 내용을 확인하는 것만이 아니라 말 그대로 수다를 떨다보니 에너지를 발산하는 효과도 있었던 것이다. 그렇게 나는 고등학교 입시에 성공할 수 있었다.

그리고 나는 고등학교에서도 테니스부에 들어 중학교 때와 마찬가지로 평소에는 테니스 삼매경에 빠졌다가 시험이 다가오면 공부 모드로 돌입하는 생활을 이어갔다. 하지만 대학 입시는 고등학교 입시만큼 수월하지 않았다는 게 문제였다. 결국 나는 입시에 실패해 재수를 하게 되었고, 1년 동안 시험공부로 밤낮을 보내야 하는 재수 시절은 정말 큰 곤욕일 수밖에 없었다.

"좋아하는 것만 하면서 살아갈 수 없을까?"라는 말을 우리는 흔히 한다. 물론 그런 삶이 가능하다면 더할 나위 없이 좋을 것이다. 하지만 좋아하지 않는 것을 하니까 좋아하는 것이 더 즐거워지는 것인지도 모른다.

실제로 좋아하지 않는 일에 집중하기 위해서는 좋아하는 것에 열중해 본 경험이 있는 편이 좋다. 뭔가에 몰두하며 쾌감을 맛보았기 때문에 좋아하지는 않지만 해야 하는 일도 더욱 열심히 할 수 있기 때문이다. 이처럼 좋아하는 것이나 하고 싶은 것에는 인생을 행복하게 해주는 힌트가 가득하다.

-☆- ───────

무언가에
열중해 본 적이 있는가?

좋아하는 일에 열중하다 보면 신기하게도 시간 가는 줄을
모른다. '계속해서 할 수 있다', '더 하고 싶다'라는 생각만 든
다. 너무나 즐겁기 때문이다. 그만큼 자신이 좋아하는 일에 몰
두하는 시간은 행복하다.

하지만 '무언가에 열중한 적이 없다', '몰두할 만큼 좋아하
는 일이 없다'고 말하는 사람도 있다. 이런 사람들과의 대화는
대부분 다음처럼 흘러간다.

"취미나 특기는 뭐지?"

"딱히 없어요."

"한가할 때는 무엇을 하는데?"

"인터넷이나, 게임?"

"그러면 좋아하는 게임이 있는 것 아닌가?"

"음… 별생각 없이 해요. 딱히 좋아한다고 말할 정도는 아니에요."

"한번 시작하면 너무 재미있어서 멈출 수 없는 게임은 없나?"

"좀처럼 그만둘 수는 없지만, 너무너무 재미있다는 느낌은 없어요."

만일 면접시험에서 이런 식으로 대답하면 어떨까? 절대 합격하지 못한다. 대학 입시뿐만 아니라 취업 활동에서도 이런 사람을 채용하고 싶은 면접관은 없다.

이런 사람은 무언가에 열중한 적이 없다기보다는 무언가에 마음껏 빠져본 적이 없는 사람일 가능성이 높다.

무언가에 열중한다는 것은 자연스럽게 빠져드는 것이다. 그리고 이런 경험은 살아가는 데 큰 도움이 된다.

그러나 눈앞의 일에 대해 마음이 움직이지 않는 사람은 모든 것이 식어버린 느낌, 단순한 느낌밖에 모른다. 그것은 몰두했을 때의 쾌감을 제대로 맛보지 못했다는 증거다.

'즐거워', '좋아해'로 바뀌는
뇌의 회로

그렇다면 어떻게 빠져드는 것일까? 물론 처음부터 직관적으로 '이것이 좋아!'라고 느끼는 경우도 있지만, 대부분의 경우에는 좋아해서 열중한다기보다, 하다 보니 재미있어서 빠지고 좋아하게 되는 것이다.

예를 들어 체육 시간이나 서클 활동에서 마라톤을 연습한다고 가정해보자. 처음부터 '달리는 것이 너무 좋다'고 느끼는 사람은 별로 없을 것이다.

그런데 달리기를 하다 보면 도중에 꽤 힘든 구간을 지나 어느 지점부터 편안해지는 상태에 돌입하게 된다. 몸이 가벼워지고 괴로움을 느끼지 않게 된다. 기분은 한껏 고취되지만 마음은 평안해진다. 왠지 그대로 계속해서 달릴 수 있을 것 같은 느낌마저 드는 것이다. 이런 현상을 '러너스 하이(runners high)'라고 하는데, 이때 달리는 사람은 굉장한 몰입감을 느끼게 된다.

비단 달리기뿐만 아니라, 어떤 일이든지 계속 열중하다 보면 뇌에서 쾌감을 주는 물질이 나와 그런 상태에 들어가기가 쉬워진다. 그리고 이런 쾌감을 맛본 사람은 더 이상 고통스럽지 않고 오히려 즐거운 기분을 느끼게 된다. 상쾌함, 충만함이 솟아오른다. '내일은 좀 더 장거리도 달릴 수 있을지 몰라'라고 생각하게 되는 것이다.

그리고 이런 러너스 하이를 느끼며 더 먼 거리를 달리게 되면, 좀 더 충만한 성취감과 자신감이 생긴다. 그래서 점점 더 하고 싶어지고 점점 더 즐거워진다. 무언가를 좋아하게 되고, 빠진다는 것은 이런 순환이 계속된다는 뜻이다. '더 하고 싶다'는 마음이 들고, 하지 않고는 견딜 수 없어지는 것이다.

즉, 몰두하는 쾌감이 성공의 회로를 만드는 것이다.

그러나 몰두하는 느낌이나 쾌감의 회로를 맛보지 못한 사람은 '달리기 따위 피곤할 뿐이야', '그게 뭐가 재미있어?'라는 데서 그치고 만다.

몰입하는 감각에
눈을 뜨자

누구나 어린 시절 뭔가에 열중한 기억이 있을 것이다. 모래 장난을 좋아해 모래성을 쌓거나 망가뜨렸다가 다시 만드는 '놀이'를 시간 가는 줄 모르고 반복했던 것처럼 말이다. 무언가를 흉내 내는 재미에 빠졌을 수도 있다. 무언가를 열심히 모은 적은 없는가? 예쁘게 생긴 돌멩이를 모았을 수도 있고, 포켓몬 카드를 수집했을지도 모른다.

실제로 어린아이는 어른보다 훨씬 더 뭔가에 잘 빠져드는데, 이렇게 흥미로운 것에 열중하는 자세가 바로 충만감이나 자신감의 씨앗이 된다. 그리고 이 씨앗이 발아하면 이후로도 좋아하는 것에 적극적으로 도전할 수 있게 된다.

하지만 몰입의 즐거움이나 성취감을 경험하지 못하면, 커서도 더 이상 몰두하지 않게 된다.

공부나 운동 같은 것에 몰두하면 부모님도 열심히 응원을 해줄 것이다. 하지만 '쓸데없는 일', '위험한 일'이라고 판단되면 부모님들은 아이들이 아무리 흥미를 보여도 제지하곤 한다.

"언제까지 그런 걸 할 거야? 제발 적당히 좀 해."

"위험하니까 하지 말라고 했잖아!"

"몇 시까지만 하고… 숙제는 했니?"

이런 말로 부모가 호의적으로 평가해주지 않으면 어떻게 될까? 아이의 머릿속에 좋은 회로가 생기지 않는다. 그러다 보면 스스로에게 제동을 걸어 무언가를 재미있어 하는 마음이 소극적으로 되어버리는 것이다.

호기심이 없는 사람은 없다.

몰두할 수 없는 사람도 없다.

무언가에 몰두할 만큼 열심히 해본 적이 없는 사람은 쾌감 회로를 잠재우고 있는 것이다. 몰두하는 것의 즐거움을 깨닫지 못하는 것이다.

늦지 않았다. 이제부터라도 그 회로를 눈뜨게 해야 한다. 그렇게 하면 생기 있는 사람이 될 수 있다. 모든 것을 적극적으로 즐길 수 있는 사람이 될 수 있다. 이것이 가능한지 아닌지에 따라 앞으로의 인생이 크게 달라진다는 것을 명심하자.

몰두하는 경험 자체가
주는 이로움

초등학생 때부터 야구라는 외길에 빠져 전국 결승전을 목표로 열심히 했지만, 안타깝게도 꿈이 무산될 수도 있다. 댄스에 열정을 쏟아 프로가 되기를 꿈꾸었지만 힘든 현실을 깨달을 수도 있다. 그래서 '장차 그쪽으로 진출하지 못할 거라면 아무리 열심히 해도 의미가 없어'라는 부정적인 생각이 들 수도 있다.

과연 그럴까? 아니다. 절대로 그것으로 끝이 아니다.

몇 년간 열심히 몰두하고 열중한 일이 있다면, 앞으로 다가올 삶에 충분히 긍정적인 영향을 줄 수 있다.

왜냐하면 좋아하게 되는 방법을 알고 있기 때문이다.

정열을 어떻게 쏟으면 좋을지를 알고 있기 때문이다.

거기에서 얻는 일종의 충만함이나 행복함을 알기 때문이다.

무언가에 몰두한 적이 있는 사람은 설령 실패하거나 중도에 좌절해도 다른 일에 다시 열심히 임할 수 있고, 그럼으로써 충실한 시간을 보낼 수 있다.

그러므로 무조건 좋아하는 일에 몰두할 수 있는 것이 중요하다. 호기심, 탐구심이 솟는 대상을 적극적으로 파헤쳐야 한다.

그것을 장차 업으로 삼을 수 있을지 없을지는 별개의 문제다. '이것을 하고 있을 때가 제일 나답다'고 생각하는 것과 장차 업으로 잘 해나갈 수 있는 것은 다르기 때문이다.

실제로 열심히 할 수 있는 것과 잘하는 것은 약간 다르다.

자신이 아무리 흥미를 가지고 열심히 노력해도, 보다 더 잘하는 사람이 있으면 상대하기 힘든 법이다. 그러면 프로로서 일하기는 어렵다.

또한 열심히 할 수 있는 것을 업으로 삼는 것이 행복한 경우도 있고, 다른 일을 하면서 취미로 하는 편이 행복한 경우도 있다.

하지만 열중할 수 있는 힘은 장차 여러 방향으로 뻗어나갈 수 있다.

나 자신의 새로운 가능성이 어떤 곳에 있는지 모르겠는가? 그렇다면 그것을 알기 위해서라도 '좋아하는 일'을 자꾸 늘려가는 편이 현명하다. 여러 가지 일에 흥미를 넓혀가자.

좋아하는 것을
늘려가는 방법

그렇다면 어떻게 좋아하는 것을 늘릴 수 있을까? 재미있을 것 같은 것, 약간이라도 호기심이 드는 것을 찾으면 자꾸 도전해보는 것이다.

예를 들어 형이나 누나가 있는 아이는 없는 아이보다 새로운 것에 빨리 접할 수 있다. 동급생 친구들은 아직 모르는 서양 음악을 형이나 누나가 듣고 있어서 자신도 팬이 되었다든지, 동급생 친구들이 아직 읽지 않은 책을 한걸음 앞서 접한다든지 말이다. 이처럼 주변 여러 사람보다 먼저 했다는 점이 그것에 빠져드는 계기가 되기도 한다.

무턱대고 싫어해서는 안 된다. 오히려 지금까지 경험한 적이 없기 때문에 '어떤 것일까?', '이것은 어떤 재미가 있을까?' 라고 흥미를 가져야 한다.

그러면 이제까지는 몰랐지만 뭔가 흥미를 끄는 것이 나타날지도 모른다. 그러한 만남의 계기를 만들어준 것이니, 만날 계기가 없었던 것을 가르쳐준 것이니 감사해야 할 일이다.

반면, 하나밖에 몰라서 '이것만 좋아'라고 생각하면 그만큼 세상은 좁아질 수밖에 없다. 음식으로 말하면 편식을 하는 셈이다.

여러 가지를 알아가면서 '이것도 좋아', '저것도 좋아', '이쪽도 좋은데'라고 확장하는 것이 나의 세상을 넓힐 수 있고 깊이를 더할 수 있다. 여러 요리를 먹어봄으로써 여러 가지 맛있는 음식이 있다는 사실을 알게 되고, 그러한 가운데 자신이 좋아하는 음식을 알게 되듯이 말이다. 그것은 여러 경험을 통해 가능한 일인 것이다.

당연히 '이것만!'을 고집해 한 가지밖에 먹지 않은 사람이 알고 있는 세계와는 깊이가 다를 수밖에 없다. 모르는 것을 배웠을 때야말로 이 세상은 재미있는 것임을 알아야 한다.

☀ ─────────

좋아하는 것이 있으면
이 세상은 즐겁고 행복하다

〈마쓰코의 모르는 세계(매주 게스트가 잘하는 것이나 심취해 있는
분야를 소개하는 방송 프로그램-옮긴이)〉라는 TV 방송이 있다. 방송
을 보면 자신이 빠져 있는 분야에 대해 말할 때, 게스트들이 너
나할 것 없이 매우 즐거워 보인다는 것을 알 수 있다. 시청자들
도 '그런 각도에서 즐길 수도 있구나!'라고 깨달을 수 있어서
매우 흥미롭다.

이처럼 너무 좋아해서 그것을 업으로 삼은 사람도 있는가
하면, 다른 일을 하면서 어디까지나 취미로 몰두하는 사람도
있다.

모기를 연구하는 고등학생이라든지, 분재 전문가 수준의

중학생도 방송에서 본 적이 있다. 이렇게 좋아하는 것이 있어서 그것에 대해 여러 방면으로 더 알고 싶고, 전문가가 되고 싶다는 생각이 들면 자연스레 공부가 필요하다는 것을 느끼게 된다. 좋아하는 것을 마음껏 즐기려면 공부가 필요하다는 사실을 알게 되는 것이다.

좋아하는 것이 있으면 이 세상은 즐겁다. 괴로운 일이 있어도 좋아하는 일, 몰두할 일이 있으면 살아가는 힘이 생겨난다.

'매일 좋은 일이 하나도 없어. 살아가는 것이 힘겨워. 죽고 싶어'라고 말하던 사람이 아이돌 그룹을 좋아하기 시작하면서 열렬한 팬이 된 경우를 본 적도 있다. 그는 이후로 살아가는 것도 나쁘지만은 않다고 생각하게 됐다고 한다. 이처럼 무언가 열중할 수 있는 것이 있으면 사람은 죽고 싶다는 생각까지는 하지 않는다. 좋아하는 것이 있다는 것은 그만큼 중요하다.

따라서 중고등학생 때 '이 세상은 넓고 깊다. 그리고 재미있는 것으로 가득하다'라고 생각하는 것은 세상을 살아가는 힘이라는 의미에서 매우 중요하다.

또한 좋아하는 것이 있다면 남에게 자랑하고 싶어진다. 아무리 말이 어눌하고, 인간관계가 서툰 사람이라도 자신이 좋아하는 것이라면 누구에게나 신나게 말할 수 있다. 그런 점에서 나는 '친구란 좋아하는 것에 대해 즐겁게 대화 나눌 수 있는 사람'이라고 생각한다.

이렇게 같은 것을 좋아하면 쉽게 의기투합할 수 있다. 물론 좋아하는 것이 같지 않아도 서로 좋아하는 것에 대해 이야기함으로써 공감하거나 자극을 받을 수도 있다. 서로가 어떻게 다르게 느끼는지도 알 수 있다. 이런 친구가 한두 명만 있으면 충분하다. 더 많을 필요도 없다.

만일 주변에 그런 사람이 없어도 상관없다. 요즘은 인터넷을 통해 공통의 취미를 가지고 공감할 수 있는 사람들과 교감할 수 있지 않은가? 좋아하는 것이 있으면 더 이상 외톨이가 아닌 것이다. 충분히 커뮤니케이션을 할 수 있기 때문이다. 게다가 좋아하는 것이 하나가 아니라 몇 개나 있으면 대화할 수 있는 상대는 더 많아지게 된다.

좋아하는 것을 늘려가는 것은 대화할 사람을 늘리는 것과 같다.

다른 이의 취미를
부정해서는 안 된다

누군가가 좋아하는 것을 말했을 때, 부정적인 말을 하는 사람들이 있다.

"에이, 그런 게 뭐가 좋아? 무슨 취미가 그래?"

이런 말을 들은 사람은 크게 상처받을 수밖에 없다. 우선 자신이 좋아하는 것을 깎아내린 것에 상처를 받고, 자신의 취미를 부정당한 것에도 상처받는 것이다. 남이 좋아하는 것을 부정하는 것은 언어폭력이라는 사실을 명심하기 바란다.

고백하자면, 나 역시 20대 초반까지는 비판적인 말을 거침없이 날려 상대방을 상처 입히는 사람이었다. 솔직하게 내 생각을 말하는 것이 성실한 대응이라고 생각했기 때문이다. 하지만 자신이 좋아하는 것을 상대방이 부정하는데 누가 좋아하겠는가? '불쾌한 말을 하는 녀석'이라는 인상만 심어줄 뿐인 것이다.

그 때문에 나는 많은 친구를 잃었다. 무슨 모임이 있어도 점점 초대받지 못하는 경우가 늘었다. 이런 경험에서 얻은 교훈을 바탕으로 여러분에게 조언을 하고 싶다.

남이 좋아하는 것, 소중히 여기는 것에 대해 부정적인 말을 해서는 안 된다. 그렇다고 마음에도 없는 거짓말을 하라는 것은 아니다. A와 B라는 것이 있으면 'B보다 A쪽이 좋다'든지 '아니, B쪽이 좋아'라는 일방적인 견해를 갖지 말라는 것이다.

A에는 A의 장점이 있고, B에는 B의 장점이 있다고 생각해야 한다. 그 점에 초점을 두라는 말이다.

A, B, C, Z는 각각이 달라서 모두 좋다고 생각하자.

누구의 취미도 부정하지 않고 "앗, 그거 좋네요!", "그것도 좋네요!"라고 너그럽게 말할 수 있어야 한다. 그렇게 되기 위해서는 다양한 장점을 깨닫는 넓은 마음과 아량이 필요하다.

'저것도 좋고, 이것도 좋아'라고
생각하면 세상이 넓어진다

영화배우 미우라 준 씨는 '내 안에 지금 이것이 와 있다'라는 의미에서 자신이 현재 빠져 있는 것을 '마이 붐(my boom)'이라는 말로 표현한 적이 있다. 내 생각에도 굉장히 적절한 표현인 것 같다.

나 역시 무언가를 좋아하게 되면, 집중해서 마이 붐에 파고드는 타입이다. 예를 들어 어쩌다가 재즈곡을 듣고 너무 좋다고 생각하면 여러 재즈 음악을 섭렵한다. 말 그대로 '마이 붐은 재즈'가 되는 것이다.

탱고가 마음에 들면 탱고 음악만 주야장천 듣는다. 그렇게 많이 듣다 보면 같은 장르의 탱고라고 해도 '각각 이렇게 다르구나!', '이렇게 폭넓구나!'라고 깨닫게 된다. 탱고라는 장르의 깊이를 상상할 수 있게 되는 것이다. '이렇게 폭넓구나!'라고 깨닫게 되면 '탱고란 이런 거죠?'라고 단정 짓는 일이 벌어지지 않는다.

한때 나는 클래식 중에서도 현악을 집중해서 들을 때도 있었고, 트로트만 들을 때도, 80년대 가요에 흠뻑 빠져 있던 시기도 있었다.

나는 나 자신이 관심을 두고 있는 것뿐 아니라 누군가가 추천하거나 "이런 것 알고 계세요?"라고 물어보면 곧바로 일단 들어본다. 요즘은 아이돌 곡도 듣고 있는데, 새로운 아이돌 음악을 체험해보기 위해 지하 아이돌(비교적 소규모 라이브를 중심으로 활동하는 아이돌-옮긴이) 콘서트장에 가본 적도 있다.

음악은 아니지만, 한때는 라쿠고(落語, 일본의 전통 화술 기반 예술로 기모노를 입고 방석에 앉은 라쿠고가 해학적인 이야기를 한다-옮긴이) 삼매경에 빠진 시기도 있었다.

이렇게 단기 집중 방식으로 여러 장르의 것을 마이 붐으로 체험하다보니 좋아하는 것이 점점 늘어났다. 그 결과 여러 사람과 좋아하는 것에 대해 이야기를 나눌 수 있었는데, 이렇게 하면 대화가 활기를 띠며 상대방도 기뻐하고 나도 즐거워진다.

결과적으로 인간관계도 매우 원활해지는 것이다.

'좋아하는 것'에서
커져가는 마음의 풍요로움

새로운 것을 만나 이것과 저것이 이어져 있다는 것을 깨달
으면, 그것들이 다른 것들과도 이어진다는 것을 알게 된다. 이
렇게 뇌에서 시냅스가 무한히 서로 연결되면, 다양한 사람과
만나는 기쁨 같은 '이어지는 쾌감'이 발생한다.

좋아하는 것들이 이어져 더 큰 행복을 부르는 것이다.

'저것도 좋고', '이것도 좋다'고 느끼는 것이 축적되어 좋아
하는 것이 점점 늘면 마음이 풍요로워진다. 나는 이런 마음의
풍요로움이야말로 '교양'이라고 생각한다. 고상한 지식을 가
지는 것, 어려운 것을 아는 것만이 교양은 아니다.

재밌는 만화도, 유행하는 음악도, 음식의 맛을 아는 것도 문화이자 교양이다. 책을 읽고 음악을 듣고 미술 작품을 감상하고 영화를 보는 등 여러 방향으로 마음을 활짝 열어 다양하게 읽고, 듣고, 보는 것이다. 그러면 더 읽고 싶고, 더 듣고 싶고, 더 보고 싶어지기 마련이다. 자연스레 관심이 넓어지게 되고, 폭넓은 지식이 생기면서 보는 눈과 듣는 귀도 길러지는 것이다.

이렇게 '더 알고 싶다', '더 전문가가 되고 싶다'는 마음이 가는 것을 늘 찾고, 그 세계에 빠져드는 느낌을 소중히 하자. 그것이 바로 지적 호기심이다.

'이것도 좋아'라고 느끼는 순간들이 서서히 늘어나면 지식이 폭넓어지고, 깊이도 생긴다. 이렇게 객관적인 눈으로 말할 수 있는 것이 바로 교양이다.

데즈카 오사무(다양한 소재와 왕성한 작품 활동으로 '일본 만화의 신'이라 불린다. 한국에서는 '철완 아톰', '밀림의 왕자 레오' 등이 유명하다-옮긴이) 씨는 만화가가 되기 위해 도키와장(도쿄 도시마 구에 있던 목조 아파트로 후지코 후지오, 아카츠카 후지오, 데즈카 오사무 등 유명한 만화가들이 거주하며 작품 활동을 해 '만화의 성지'로 불리던 곳. 현재는 박물관으로 복원되어 있다-옮긴이)을 찾은 아카츠카 후지오 씨에게 자주 이런 말을 했다고 한다.

"일류 영화를 보고, 일류 음악을 들어라. 일류 연극을 보고, 일류 책을 읽어라. 그리고 거기에서 자신의 세계를 만들어라."

만화가가 되고 싶다고 만화만 공부해야 하는 게 아니라, 여러 일류 문화를 접하면서 자신의 감성을 갈고닦는 것이 무엇보다 중요하다고 강조한 것이다. 이는 다른 말로 하면 '호기심을 가지고 풍요로운 마음을 갈고닦으라'라는 뜻이다.

싫은 것과
하고 싶은 것은 맞닿아 있다

　나는 여러분의 나이 때, 공부와 교양의 연관성을 찾지 못했었다. 공부는 시켜서 한다는 느낌이 강해서 의무적인 것일 뿐이었고, 교양은 자신이 흥미 있는 것에 대해 스스로의 의사로 자유롭게 깊어지는 것이라 생각했다.

　공부를 싫어했지만 교양에는 큰 동경심을 가지고 있던 나는 도쿄대학에 들어가면 비로소 제대로 된 교양을 익힐 수 있을 것이라 생각했다. 도쿄대학에 입학한 학생은 1, 2학년 때 교양학과에 적을 두기 때문이다. 그래서 나는 교양을 배울 수 있는 최고 학부인 도쿄대학에 가고 싶었고, 그러려면 어려운 입시를 돌파해야 했다. 어쩔 수 없이 싫어하는 시험공부를 해야만 했던 것이다.

그러나 대학에 입학한 후에야 나는 공부와 교양은 서로 맞닿아 있다는 사실을 깨달았다. 예를 들어 영어 단어를 부지런히 외워서 장문 독해를 할 수 있게 되자, 궁금한 것들을 영어 책으로 직접 읽고 알 수 있게 되었다.

역사를 공부하다 보면 '이 시대에 서양은 어떤 생활을 했고, 중국은 어떻게 살았으며, 우리는 어떤 변화를 맞이했구나. 세계는 이런 식으로 모두가 이어져 있구나!'라고 거국적인 시야를 가질 수 있었다.

수학에서 배운 논리적인 사고가 철학적인 사고방식을 이해하는 데도 도움이 됐다. 교양이라는 과실이 높은 나무 위에 있다면, 공부는 거기까지 닿는 사다리를 만드는 과정이었던 셈이다.

교양이라는 물고기가 지식의 바다를 헤엄치고 있다면, 어떻게 해야 그 물고기를 잡을 수 있을까? 당연히 그물을 만들어야 한다. 그리고 그 그물을 만드는 작업이 공부다.

우리는 공부를 해야 높은 곳에 달린 잘 익고 맛있어 보이는 과실을 딸 수 있다. 큰 물고기를 잡을 수 있다. 공부를 하면 할 수록 교양이 더 깊어지는 것을 실감할 수 있다.

이러한 진실을 깨달은 뒤에야 비로소 나는 '시험공부 따위 싫어', '내가 하고 싶은 것은 거기에 없어!'라고 포기하지 않은 내 자신을 향해 정말 잘했다고 칭찬을 해주었다.

이처럼 좋아하지 않는 것도 하기 때문에, 좋아하는 것이 한층 더 즐거워질 수 있는 것이다. 좋아하는 것은 점점 늘어나고, 깊어지고, 넓혀가야 한다.

명심해야 할 것은 좋아하지 않는 것도 반드시 좋아하는 것과 맞닿아 있다는 것이다. 모든 것은 연결되어 있다. 여러분이 지금은 그것을 깨닫기 힘들겠지만, 깨달을 때가 틀림없이 올 것이다.

좋아하는 것에 점점 빠져라!
정열의 불씨를 태워라!

7장

/

사춘기는
늘 언짢아도 된다고 생각해?

반항기라고
핑계대지 말라

중학생은 친한 친구들끼리 있을 때는 사이도 정말 좋고 그만큼 기분도 좋은데, 어른이나 낯선 사람과 있으면 기분이 나빠 보이는 경우가 많다. 과도하게 안절부절못하고, 말도 태도도 퉁명스러워진다. 흔히 이를 사춘기라고 하는데, 사춘기가 초등학교 고학년 정도부터 시작되는 학생도 있고, 고등학생이 되어서도 계속되는 학생도 있다.

그래선지 사람들은 이를 '반항기'라고도 부른다. 이를 '특유의 호르몬 불균형에서 오는 시기라 어쩔 수 없다'고 보는 사람도 있다. 하지만 나는 그렇게 생각하지 않는다. 왜냐하면 누구나 다 이 시기에 거칠어지는 것은 아니기 때문이다. 이 시기에

심하게 반항해야만 그 후에 제대로 된 어른이 되는 것도 절대 아니다. 실제로 평소에 대화가 많은 가족에서 자란 사람은 사춘기 때도 심하게 방황하지 않는다는 통계도 있다.

이처럼 사춘기라도 누구에게나 언짢은 것이 아니고, 사이 좋은 관계에서는 충분히 기분 좋게 행동할 수 있다. 그러고 보면 정말로 기분의 업다운을 스스로 컨트롤 할 수 없는 것이 아니라, 내 멋대로 해도 괜찮은 상대에게만 짜증을 마구 내는 것일지도 모른다.

그런데 여러분에게 가장 중요한 사람은 누구일까? 사이좋은 친구일까? 문제는 부모님을 비롯한 가족이나 선생님들을 좋은 관계를 유지해야 하는 상대로 생각하지 않는 학생들이 많다는 것이다. 관계를 좋게 하기 위해 열심히 의사소통을 해야 하는 상대라고 생각하지 않기 때문에 쉽게 언짢음을 발산하는 것은 아닐까?

요즘 어른들은 옛날 어른들에 비해 야단을 많이 치지 않는다. 이해하고 존중하려고 하고, 다정하게 다가가려고 노력한다. 그런데 이런 점을 믿고 오히려 더 짜증을 내고 있지는 않은지 스스로를 되돌아보면 어떨까?

그런 행동은 반항이 아니라 그저 어리광을 부리는 것일지도 모른다. 감정이 이끄는 대로 행동해도 용서받을 수 있는 사람은 말 못하는 아기들뿐이다.

　신체적으로도 정신적으로도 성장해서 본격적으로 어른의 대열에 들어가려고 하는 사람이 툭하면 짜증부터 내는 유치한 태도를 취하는 것은 부끄러운 일일 뿐이다.

　'지금 나도 모르게 짜증을 냈는지도 몰라!'라고 자각하는 것만으로도 훌륭하다.

언짢음은
환경을 파괴한다

요즘 중학생들은 친구 관계에 대단히 신경을 쓴다. 그래서 SNS로 매일매일 많은 의사소통을 하고, 매우 신속하게 응답한다.

메시지를 보냈는데 답장이 조금이라도 늦으면 '내 메시지를 읽었는데 답장이 안 오는 이유는 뭘까?'라고 잔뜩 신경을 쓴다. 친구와의 의사소통에 있어서 요즘 학생들이 신경 쓰는 모습을 보면 정말 대단하다 싶다.

이처럼 마음먹으면 제대로 기분을 조절하고 잘 대처할 수 있지 않은가? 그런 능력이 있는데 왜 가까이에 있는 어른들에게는 신경을 쓰지 않는가?

그것이 문제다. 신경 써야 하는 상대는 비단 친구만이 아니다. 자신과 연관된 모든 이들에게 신경을 써야 한다. 그것이 인간으로서 최소한의 매너다.

신경 쓴다는 것은 마음의 습관이다. 남에게 신경을 쓰는 것을 특별한 경우에나 하는 일이라고 생각하면 큰 착각이다. 깨어서 활동하는 동안에는 늘 신경을 써야 한다.

신경을 쓰지 않아도 되는 것은 혼자 있을 때와 잠잘 때뿐이다. 사람이 있는 곳에는 반드시 '기(氣)'라는 것이 있으며, 이는 사람과 사람 사이를 떠다닌다. 이를 무시하고 그저 자기 기분만 남에게 전파한다면 그 자리의 공기, 즉 분위기를 망치는 환경오염이나 다름없다.

그리고 이런 언짢음은 쉽게 전염된다. 누군가 언짢은 바이러스를 가진 사람이 있으면, 그 자리에 바이러스가 침투해 기가 흐려지고 환경이 점점 오염되는 것이다. 한마디로 언짢은 바이러스를 마구 뿌리는 사람은 환경을 파괴하는 것과 똑같다.

정말 머리가 좋은 사람은
언짢음을 드러내지 않는다

언짢음이 얼마나 환경을 망가뜨리는지는 주위를 조금만 둘러보면 쉽게 알 수 있다. 예를 들어 늘 감정적으로 벌컥벌컥 화부터 내는 선생님이 담임으로 있는 학급은 어떻겠는가? 교실 분위기가 그야말로 최악일 것이다.

친구들끼리 SNS를 주고받는데 어느 한 명이 감정적으로 누군가를 공격하면 어떤 일이 벌어지는가? 다른 친구들도 분위기에 휩쓸려 덩달아 말이 거칠어지고 분위기가 나빠진다. 언짢음은 그저 말만 주고받아도 주위로 전염되는 것이다.

상대가 친구든 가족이든, 우연히 전철에서 옆에 앉은 사람이든 상관없다. 늘 주위 사람들에게 신경을 써야 한다. 어떤 환경에서도 자신의 언짢음을 보여서는 안 된다. 정말 머리가 좋은 사람은 그것을 아주 잘 알고 있다. 그들은 그래서 절대 언짢음을 밖으로 표현하지 않는다.

자신의 행동이 환경오염이 될 수 있다는 점을 알아야 한다. 아는 것이 변화하는 첫걸음이다. 문제의식이 생겼다면 변화하려고 노력할 수 있다.

알면서도 바뀌지 않는 사람은 환경에 대한 상상력이 없는 어리석은 사람이다. 이렇게 언짢아하는 것이 나쁜 버릇이 되면, 설사 조심하려고 해도 무의식적으로 버릇이 튀어나오게 된다. "그러려고 그런 것이 아닌데…"라고 후회하면서도 몇 번이나 같은 실수를 반복하는 것이다. 그런 나쁜 버릇은 철저하게 고쳐야 한다.

나는 지금까지 많은 이들에게 강의와 책을 통해 '기분이라는 것은 스스로 조절할 수 있는 것이다', '언짢음은 죄다'라고 주장해왔다. 중고등학생 때부터 이런 의식을 갖는다면 자신의 장래에 틀림없이 도움이 될 수 있을 것이다.

우리는 스스로 기분을 조절할 수 있다.

남에게 폐를 끼치지 않는 것이 중요한 것처럼, 남을 불쾌하

게 만들지 않겠다는 배려가 얼마나 중요한지도 깨닫자. 이것
이 인간관계의 기본이다. 의식적으로 기분 좋게 지내려는 노
력이 여러분의 주변을 바꿔줄 것이다.

비결은
'~임에도 불구하고 기분 좋다'

내가 정의하는 '기분 좋음'이란 내 기분이 좋고 나쁜 것과 상관없이 늘 밝고 온화하게 사람을 대하는 것이다. 그러면 '밝고 좋은 사람인 척하라는 것인가?'라고 묻는 사람이 있을 것이다. 하지만 좋은 사람인 척하라는 것이 아니다. 이는 남에게 아첨을 떨거나 자신을 속이는 것과는 전혀 다르다.

자신의 기분이 좋고 나쁨을 대인관계에 나타내지 않도록 조심하라는 것이다. 안절부절못하거나, 마음이 답답하거나, 슬프거나 좌절감을 느끼는 등의 부정적인 감정에 사로잡혀도 '그것은 그것이고, 지금 내 눈앞에 있는 사람과는 상관없다'라고 구별해야 한다는 뜻이다. '그것은 그것, 이것은 이것'이라고 별개로 생각하면 언제나 안정된 온화함으로 상대방을 대할 수 있다.

나는 자주 대학생들에게 "…임에도 불구하고 기분 좋다고 소리 내어 말해보면 좋아"라고 조언한다.

'스트레스로 안절부절못하고 있지만, 그럼에도 불구하고 기분 좋다.'

'수면 부족에도 불구하고 기분 좋다.'

'취업 활동에 또 낙방했음에도 불구하고 기분 좋다.'

이처럼 여러 문제 때문에 기운도 없고 울고 싶은 상황이어도, 상대방에게는 기분 좋게 대하려는 자세가 필요하다.

이것을 습관화하면 스스로 기분을 조절할 수 있다. 이렇게 기분을 조절할 수 있으면 그렇지 않을 때보다 맑고 상쾌한 기분으로 지낼 수 있다. 누군가가 내 기분을 맞춰주는 것이 아니라, 스스로 자신의 기분을 좋게 할 수 있기 때문이다.

중학생도 충분히 할 수 있다. 학교에서 싫은 일이 있었다고 그것이 어머니 탓은 아니지 않은가? 최악의 기분임에도 불구하고 좋은 기분을 스스로 만들자.

모처럼 열심히 공부하려고 했는데, 부모님께 잔소리를 들어 화가 나는 일도 있을 것이다. 그럴 때면 지금까지는 "에이, 시끄러워!"라고 심한 말을 퍼부었을지도 모르지만, '엄청나게 화가 남에도 불구하고 기분 좋다!'로 나 자신의 기분을 극복하자.

이런 것으로도
변할 수 있다

'…임에도 불구하고 기분 좋다'를 지금 당장 실천할 수 없을 것 같으면 일단 일상에서 인사만이라도 제대로 해보자.

'안녕히 주무셨어요.'

'잘 먹겠습니다.'

'다녀오겠습니다.'

'다녀왔습니다.'

이와 같은 인사라는 것은 '나는 당신에게 신경을 쓰고 있다'는 마음을 나타내는 행위이다. 이렇게 최소한의 의사소통을 할 수 있으면 상대방은 웬만한 일에도 언짢아하지 않는다. 이 정도는 오늘 당장이라도 실천할 수 있지 않을까? 인사말에서

부터 자신을 바꾸어 보는 것이다.

얼굴 표정을 바꿔보는 방법도 있다. 미간을 찡그리는 표정을 짓지 말고, 입가에 미소 띤 표정을 만드는 것이다. 누구나 즐거울 때는 자연히 웃지 않는가? 그러면 딱딱한 표정을 짓던 얼굴 근육이 풀어지고, 더해서 긴장마저 풀어진다. 즐겁기 때문에 웃는 것이 아니라, 우선 웃는 얼굴을 하고 있으면 기분도 온화해지는 것이다.

상대방과의 관계를 좋게 하기 위해 자신의 마음을 상대방에게 맞춰주는 방법도 있다. 마음이 맞는 사람과 사이가 좋아지는 것은 당연하다. 조금 맞지 않아도 이쪽에서 먼저 다가갈 수도 있다.

다른 사람과 의견이 달라도 상대방의 말을 부정하거나 공격하는 것이 아니라, '아, 그렇군. 그렇게 볼 수도 있겠네!'라고 잘 맞춰주는 것이다. 평소 SNS에 익숙한 여러분 세대는 이런 것을 상당히 자연스럽게 할 수 있을 것이라고 생각한다.

좋은 느낌이
요구되는 사회

세상에는 '시대의 분위기'라는 것이 있다. 예를 들면 '고도 경제 성장시대'라고 불리던 전후(戰後)부터 1990년까지는 활기가 가득한 시대였다. 그러나 지금처럼의 섬세함은 없었다. 경제 발전이 최우선이었기에 공해나 환경오염에 관한 의식은 지금보다 훨씬 낮았다. 사람들도 지금보다 성정이 거칠었다. 지금 같으면 언어폭력이나 성희롱 같은 크게 문제될 만한 일들이 아무렇지도 않게 횡행했다.

그러나 앞으로 여러분이 살아갈 시대는 그렇지 않다. 고도로 성숙한 사회가 되면서 환경에 대한 배려, 남에 대한 배려가

강력히 요구되는 시대가 되었다. 느낌이 좋지 않으면 살아가기 힘든 고도의 성숙시대, 좋은 느낌이 중요시되는 사회가 되어 가고 있는 것이다.

일례로 굉장히 무례한 점원에게서 언짢은 고객 경험을 당하면 인터넷에서 금세 확산되어 상점 평가가 나빠지는 일이 비일비재하다. 그래서 임시직인 아르바이트생을 고용할 때도 좋은 기분으로 고객을 대할 수 있는 사람이 중요해지고 있다.

택배기사도 단지 운전을 할 수 있고 물건만 배달할 수 있으면 되는 것이 아니라, 좋은 느낌으로 고객을 응대하는 능력이 요구된다. 아무리 운전을 잘하고 일이 빠르고 우수해도 고객을 대하는 태도가 무뚝뚝하고 느낌이 좋지 않으면 부정적인 평가를 받기 때문이다.

연구직에 종사하는 사람은 상관없을 것 같지만, 연구직 역시 좋은 의사소통 능력이 있어야 한다. 주로 개인이 아닌 팀별로 연구를 진행하기에 협조성이 중요하기 때문이다. 또한 연구를 계속하기 위해서는 투자가 지속돼야 하는데, 이런 지원을 받기 위해서도 자신들의 연구에 지속적인 관심을 가질 수 있도록 좋은 인상을 심어줘야 하는 것이다.

☀ ──────

어디서 무엇을 하든

사람들과 잘 어울리는 것이 중요

요즘 세상은 사람들과 잘 어울리지 못해도 인터넷만 있으면 혼자서도 충분히 살아갈 수 있을 것 같은 분위기가 사회 전반에 만연해 있다.

학교에 가지 않아도 공부할 수 있는 방법이 있고, 집에서 쇼핑도 할 수 있고, 회사에 소속되지 않아도 일하며 돈을 버는 수단이 많기 때문이다.

하지만 그래도 역시 의사소통 능력은 꼭 필요하다. 아니, 그어느 때보다 더 필요하다고 할 수 있다. 요즘 일본에서는 "나는 절대 회사원은 되지 않을 거야. 아르바이트만 하면서 살아갈 거니까 괜찮아"라고 말하는 젊은이들이 늘고 있지만, 이는 엄연한 착각이다.

아르바이트를 하겠다는 건 직업을 이리저리 바꾸겠다는 뜻과 다름없다. 그러므로 한 회사에 계속 재직하는 것보다 오히려 더 여러 사람과 원활하게 의사소통을 할 수 있는 능력이 요구되는 것이다. 아르바이트라도 새로운 직장으로 자리를 옮길 때마다 여러 사람들과 새롭게 인간관계를 맺어야 하는 것은 변함없는 사실이지 않은가?

문제는 이런 중요한 사실을 귀담아듣는 이들이 별로 없다는 것이다. 주구장창 아르바이트생은 자유롭고 마음 편하다는 착각만 할 뿐이다. 하지만 앞서 말했다시피 아르바이트생으로 혹은 비정규직으로 일하는 것은 오히려 여러 곳에서 여러 사람들과 잘 어울리는 인간관계 능력이 없으면 상당히 힘들 수밖에 없다.

앞으로의 시대는 어디에 가도 무엇을 해도 역시 의사소통 능력이 필요하다. '나는 의사소통을 잘 못하니까 사람들과 어울리지 않아도 되는 일만 하고 싶다'고 단순히 생각하면 갈수록 더욱더 살기 힘들어질 뿐이다.

-☀- ──────

느낌이 좋은 것은
능력 이전의 문제다

내가 학생 때 누가 이런 진실을 가르쳐주었더라면, 나도 의사소통의 중요성, 느낌이 좋다는 것이 얼마나 중요한지 좀 더 빨리 깨달았을 것이다.

그러나 나는 대학원 시절까지도 언짢음의 늪에 푹 빠져 있었다. 평소 다른 사람과 대화할 때도 상대방의 잘못을 가차 없이 지적하고 강하게 부정하곤 했다. 그것이 정직하게 사는 방식이라고 믿었다. 남들이 좋아할 만한 행동을 굳이 하지 않아도 올바른 것이 통하고, 내 능력만 뛰어나면 인정받을 수 있다고 믿었다.

그렇게 내가 믿은 길을 철저히 걸은 결과는 어땠을까? 나는 20대 후반까지도 무직 상태였다. 나와 함께 일하고 싶어 하는 사람도 조직도 없었다. 당연한 일이었다. 마구 남을 공격하는 사람을 누가 좋아하겠는가? 주변을 불쾌하게 하는 사람에게 누가 일자리를 주겠는가? 이것은 재능이라든지 업무 능력 이전에 사람들과의 교제 방식이 얼마나 중요한지를 잘 말해 준다.

좋은 느낌으로 사람을 대할 수 있어야 비로소 능력을 평가 받을 수 있는 것이다. 사람은 주변에 신경을 쓰기 때문에 사회 생활을 원활하게 영위해갈 수 있는 것이다.

다행히 인연이 되어 대학 강사직을 맡았을 때서야, 나는 나 자신의 잘못을 절실히 깨닫고 반성했다. 그리고 젊었을 때의 경험을 바탕으로 의사소통의 소중함과 인간관계를 쌓는 방법 이 얼마나 중요한지를 사람들에게 전달하게 되었다.

의사소통 능력 따위 없어도 된다고 생각해서는 안 된다. 다른 사람이 언짢아해도 자신에게는 뛰어난 능력이 있기 때문에 괜찮다고 생각해서는 절대 안 된다.

쓸데없이 남을 적으로 돌리지 말 것.
남을 상처 입히지 말 것.

그렇지 않으면 인간관계가 점점 나빠져 결국에는 일이 잘 풀리지 않게 된다. 그러면 점점 몸과 마음이 위축된다. 지금 생각해보면 젊은 시절의 나는 언짢음을 주위에 드러내서 주변 환경을 스스로 파괴하고 있었다.

어른이 되어서 '아뿔싸!' 후회하지 않도록 여러분은 지금부터 유의하기 바란다.

일단 판단을
보류하는 것부터 시작하자

중고등학생 때는 주위 사람들에 대해 '이 사람은 나의 적인가, 아군인가?'라는 식으로 극단적으로 판단하는 경향이 있다.

아군이라고 생각되면 쉽게 마음을 열고 속에 있는 이야기를 쉽게 꺼낸다. 그러나 적이라는 느낌이 들면 마음에 철갑을 두른다. 하지만 아군인 줄 알았는데 사실은 그렇지 않은 사람도 있다. 그런 사람 때문에 불쾌한 경험을 하게 되면, 인간 혐오에 빠질 수밖에 없다. 반대로 적인 줄 알았는데 그렇지 않았던 경우도 있을 것이다.

사람은 쉽게 알 수 있는 동물이 아니다.

나는 적인지 아군인지 쉽게 단정 짓지 말고 일단 '판단 보류'라는 그룹을 만들어두라고 추천한다. 일단 그런 사람과는 기분 좋게 인사하고, 가볍게 잡담을 할 수 있는 정도로 교제하면 된다. 얼굴을 마주치면 가볍게 대화를 나누는 정도의 관계 말이다. 그런 사람은 아군도 아니고 적도 아니다. 친구라고 할 만큼 친하지는 않지만, 만나면 즐겁게 대화할 수 있는 지인쯤으로 여기면 된다.

　만약 판단 보류에 들어 있는 사람이라면 너무 가까이 다가가지도 말고, 너무 멀어지지도 말고, 적당한 거리를 유지하는 것이 좋다. 그렇게 조심스럽게 대하면 조금씩 상대방을 알 수 있게 된다. 그러면 '좀 더 친해지고 싶다'든지 '나랑은 조금 맞지 않는 것 같다'로 판단이 나뉘게 된다. 상대방과의 거리를 어떻게 할지 판단할 수 있게 되는 것이다. 그러면서 지금처럼 계속 적당한 거리를 유지하는 것이 가장 좋다고 판단할 때도 있을 것이다.

　사실 적, 아군, 판단 보류의 세 분류로 나누기보다는 차라리 대부분의 사람을 모두 판단 보류 상태에 놓고서 교제하는 편이 마음 편하지 않을까?

　내가 스스럼없이 고민을 털어놓거나 속 깊은 이야기를 할 수 있는 상대는 한두 사람만 있으면 충분하다. 그것이 바로 친한 친구다. 그밖에는 모두 판단 보류에 속한 사람들일 뿐이다.

아는 사람을 모두 친구라고 보면 물론 친구의 수는 늘어난다. 하지만 그것으로 인간관계가 풍요로워지는 것은 절대 아니다. 친구의 수가 많은 것이 중요한 것은 아니기 때문이다.

그리고 적이 되는 사람도 웬만하면 만들지 않는 게 좋다. 따라서 '이 사람은 나에게 상처를 줄 것 같아', '무서운 상대야'라고 느꼈다면 그 사람과는 되도록 얽히지 않는 게 좋다.

이렇게 가볍고 편안하게 교제할 수 있는 판단 보류에 속한 대부분의 사람들과 소수 정예의 아군만이 존재하는 인간관계가 나는 가장 좋다고 생각한다. 내 주변에는 이 두 부류의 사람만 있다고 생각하는 편이 인간관계에서의 스트레스를 줄이는 데 도움이 되지 않을까?

즐거운 잡담의 비결은
좋아하는 것

얼굴을 마주치면 가볍게 대화를 나누는 정도의 사람과는
잡담 정도면 충분하다. 이때 중요한 것은 상대방이 좋아하는
것에 찬성하는 것이다. 예를 들어 상대방이 강아지를 좋아하
는 사람이라고 가정해보자. 당연히 그는 자기가 기르는 강아
지 이야기를 자주할 가능성이 높다. 그럴 경우에는 "나도 강아
지 정말 좋아해요!"라고 상대방의 관심사에 관해 함께 이야기
를 나누는 것이다.

간단히 말하면 SNS에서의 '좋아요!'를 실제 대화에서 하는
셈이다.

고양이를 좋아하는 사람이 "우리 고양이 정말 귀여워요!"라

고 말하면 그 이야기에 편승하는 것이다. 이런 이들에게 유튜브에서 본 고양이 동영상이 재미있었다는 말을 꺼내면 어떻게 될까? 틀림없이 대화가 활기를 띨 수밖에 없다.

그렇게 즐겁게 대화를 나눈 후 "자, 그럼 다음에 또 봬요"라고 말하고 자리를 뜨는 것이다. 너무 깊고 무거운 대화는 삼가고, 가볍게 의사소통을 하는 것이다.

자신의 이야기, 자신이 좋아하는 이야기가 아니라, 상대방이 좋아하는 이야기를 즐겁게 하는 것이 바로 비결이다. 실제로 나는 검도를 하는 사람에게는 검도 이야기를, 장기를 좋아하는 사람에게는 장기 이야기를, 등산을 좋아하는 사람에게는 등산 이야기를 한다. 내 자신은 잘 몰라도 된다. 왜냐하면 이야기를 들을 수는 있으니까 말이다.

비록 단 1~2분 동안의 짧은 담소라도 상대방이 좋아하는 것에 대해 즐겁게 이야기를 나누면, 좋은 분위기로 어울릴 만한 사람, 느낌이 좋은 사람이라는 인상을 주기 쉽다. 이것을 나는 '잡담력'이라고 부른다. 이를 말 그대로 그냥 쓸데없는 잡담이라고 치부하지 말고, 간단한 요령을 가지고 연습하면 좋다.

물론 대화의 첫 단계로 많은 이들이 자주 활용하는 날씨 이야기도 나쁘지는 않다. "오늘 너무 춥네요!"나 "날씨가 맑아서 기분이 좋아요!"라는 대화들 말이다. 하지만 단지 그것만으로 충분한 효과가 있을까? 누구나 사용하는 방법이기에 오히려 무슨 말을 나누었는지 기억 못할 가능성이 높다. 즉, 그 사람에게 해야 할 말, 그 사람에게 들어야 할 말이 있다는 것이다.

무엇보다 상대방이 대답하기 싫어하는 것은 묻지 않는 게 중요하다. 반대로 좋아하는 화제는 틀림없이 상대방의 기분을 좋게 한다. 그렇게 하면 짧은 시간 이야기를 나눠도 다음에 만날 때 '아, 저 사람과 즐거운 이야기를 했었지!'라고 기억하기 쉽다.

좋아하는 것으로 연결된
교류 관계를 늘린다

이렇게 생각하면 '사회성'이라는 것도 그리 복잡한 것만은 아니라는 것을 알 수 있다. 웃으면서 이런저런 잡담을 나누고, 상대방이 좋아하는 것에 대해 말하면 되는 것이다.

늘 상대방이 좋아하는 게 무엇인지 생각하는 습관을 들여서 '이 사람은 이것을 좋아해', '저 사람은 저것을 좋아해'라고 할 만한 것을 알아두는 것이다. 그리고 그 이야기를 꺼내는 것이다. 그러한 명석함, 신속한 반응으로 잡담력을 기르면 사회성을 높일 수 있다.

앞에서 나는 '좋아하는 것을 늘리자'라고 강조했었다. 내가 좋아하는 것이 한두 가지밖에 없다면 그것을 좋아하는 사람 한둘 외에는 대화를 나눌 수 없다. 하지만 이것도 좋고 저것도 좋은, 좋아하는 것이 여러 가지 있으면 그것만으로도 많은 사람들과 대화를 나눌 수 있게 된다.

결국 좋아하는 것을 많이 만들면 그만큼 나눌 수 있는 화제도 풍부해지고 자연스럽게 사교적인 사람이 될 수 있다. 같은 것을 좋아하는 사람끼리는 공감하는 부분이 많아서 의기투합하는 경우가 많기 때문이다.

좋아하는 것으로 연결되어, 전문가 수준의 깊은 대화도 할 수 있다. 친한 친구, 아군이라고 말할 수 있는 사람은 대개 그러한 관계에서 생겨나는 법이다.

중고등학교 때부터 의식적으로 잡담력을 연습하면 의사소통에 자신이 생기게 된다. 그러면 평생 인간관계에서 곤란할 일이 없다.

잘 모르는 사람과
접할 때

　마지막으로 그다지 친하지 않은 사람이나 잘 모르는 사람과 만날 때, 무엇에 주의하면 좋을지 알아보자. 중요한 것은 상대방이 나를 느낌이 좋은 사람이라고 생각하게 만드는 것이다.

　그러기 위해서는 일단 언제 어디서나 기분 좋은 상태로 있어야 한다. 설사 기분이 별로 좋지 않아도, 상대방에게 다음과 같이 행동하는 것이다.

　① 상대방의 눈을 보고
　② 방긋 웃으며

③ 상대방이 하는 말에 수긍하거나 맞장구를 치는 것이다.

이것만으로도 충분히 느낌이 좋은 사람이라는 평가를 받을 수 있다. 연습하면 누구든지 할 수 있다. 평소에 친구와 대화할 때도, 가족들과 이야기할 때도, 의식해서 이를 실천해보기 바란다.

이는 전혀 모르는 상대에게도 충분히 적용할 수 있다. 예를 들면 전철 안에서 어르신에게 자리를 양보할 때 말없이 일어서서 자리를 양보하는 것이 아니라, 상대방의 눈을 보며 웃는 얼굴로 "여기 앉으세요!"라고 친절하게 말해보자. 자리를 양보한다는 행위는 똑같지만, 상대방이 감사하는 방식은 분명 달라질 것이다.

중고등학생은 나이차가 많이 나는 어른과 접할 일이 많지 않기에 어른을 대하는 데 거북한 경우가 많다. 어른과 접하는 연습에 익숙하지 않은 것이다.

그러나 사회에 나가 적응하기 위해서는 나이나 성별, 문화 등등 나와 다른 삶을 살아가고 있는 사람에게도 마음을 열어야 한다. 자신과는 다른 사고방식, 다른 가치관을 가진 사람과도 온화하게 대화를 나눌 수 있어야 한다. 따라서 잘 모르는 사람과도 교류할 수 있는 방법을 지금부터 익혀두면 더 이상 두

려울 게 없을 것이다.

　나는 타인을 기분 좋게 만들고 기쁘게 할 수 있는 것이야말로 명석함의 중요한 조건이라고 확신한다.

명랑한 사람이 되자.
나도 남도 기분 좋게 만드는
사람이 되자.

8장

/

살아간다는 것은
어떤 것인가?

길은
하나가 아니다

앞으로 여러분은 인생을 살아가면서 수많은 문제를 만나게
될 것이다. 그런데 나는 눈앞에 닥친 문제에 잘 대처하는지, 아
니면 흔들리는지가 단지 마음이나 심지의 굳건함에 달린 것
만은 아니라고 생각한다.

그 어떤 상황에도 다른 선택지가 있기 때문이다. 반드시 다
른 길, 다른 방법이 있다는 뜻이다.

그것을 제대로 의식하고 있는지, 아닌지가 중요하다. 실제
로 상처받기 쉬운 사람, 스스로 자신의 마음이 약하다고 생각
하는 사람이라도 다른 선택지가 있다는 사실을 알면 마냥 절
망적으로만 문제를 받아들이지 않고 어려운 상황을 극복할

가능성이 높다.

반면, 문제에 부딪쳤을 때 '이것밖에 방법이 없다'고 착각하는 것이 가장 바람직하지 않다. 이렇게 되면 눈앞의 걱정거리에만 매몰돼 시야가 점점 좁아지고, 당장 떠오른 단 한 가지 길밖에 보이지 않는다. 다른 가능성을 전혀 생각하지 못하게 되는 것이다.

기억하기 바란다. 어떤 일도, 어떤 상황에서도 사면초가나 도저히 방도가 없는 일은 없다.

강연회로 고치(高知)에 갈 기회가 있었는데, 그곳에서 사카모토 료마(에도시대 무사로 막부시대의 종식과 근대 일본의 토대를 마련했다-옮긴이) 기념관에 들른 적이 있다. 나는 그곳에서 다음과 같은 명언이 들어간 티셔츠가 마음에 들어서 구입한 적이 있다.

'사람 사는 세상에 길이 하나밖에 없는 일은 없다. 길은 백 개, 천 개, 만 개나 있다.'

소설가 시바 료타로 씨가 쓴 NHK 대하드라마 〈료마가 간다〉에 나오는 말이다. 사물에 접근하는 방식에는 여러 가지가 있을 수 있고, 목적지에 도달하는 길도 여러 갈래가 있다는 뜻이다.

사카모토 료마는 이러한 유연한 사고방식으로 그 어떤 어려운 문제 앞에서도 언제나 '다른 방법이 있을 것이다', '이런 것도 할 수 있지 않을까?'라고 생각했던 사람이다. 저것도 있고, 이것도 있다고 말이다. 그렇게 여러 가지로 생각할 수 있는 유연한 머리를 지니는 것이 진정으로 머리 좋은 사람이라고 나는 생각한다.

이처럼 눈앞에 어떤 어려운 문제가 닥쳐도, 다양한 가능성을 생각할 수 있으면 불안은 줄어들게 된다. 불안이 줄어들면 당장 숨 쉬는 것조차 편해진다. 길은 여러 가지가 있다고 계속 생각하면 어떻게든 해결될 수 있다는 것을 기억하자.

마음의 결단을
내리는 것이 중요하다

'이런 방법도 있고, 저런 방법도 있다.'

무언가를 선택할 때 이렇게 사고의 유연성을 가지는 게 좋다. 그런데 이런 유연성이 너무 심하면 문제 앞에서 하나의 방법을 선택하지 못하고, 갈대처럼 망설이게 될 수도 있다. 따라서 사고의 유연성은 좋지만, 못지않게 결단을 내리는 것도 중요하다.

일단 마음을 정하고 나면 전전긍긍해서는 안 된다. 예를 들어 서클 활동 연습이 너무 힘들다고, 특히 선배들이 나를 힘들게 하는 상황이라고 가정해보자. 너무 좋아서 시작했지만 계속하는 것이 괴로워서 결국 그만두었다고 말이다.

이런 경험을 한 사람은 앞의 3장에 나온 '서클 활동을 통해 선후배 관계를 경험함으로써 대인관계 능력을 기를 수 있다'는 부분을 읽으면서 이렇게 후회할 수도 이을 것이다.

'아, 선배와의 관계에 참지 못했던 나는 대인관계 능력을 기를 기회를 놓쳤구나. 그만두면 안 됐는데….'

하지만 나는 이런 후회에 반대한다. 그만두어도 괜찮다. 서클 활동을 그만두었다고 해서 대인관계 능력을 기를 모든 기회가 사라지는 것은 아니지 않은가! 단지, 수많은 기회 중에서 단 하나의 기회를 놓쳤을 뿐인 것이다.

주어진 상황은 사람마다 다 다르고, 괴로움이나 고통을 느끼는 방식도 각자 다르다. 그 가운데 스스로 결정한 것이므로 그만두든 계속하든 어느 쪽을 선택해도 상관없다. 단, 자신이 내린 결단을 믿어야 한다는 것이다. 선택하지 않았던 것을 가지고 아무리 생각해봤자 소용없는 일이다.

자신이 한 선택이 최선이었다고 믿고 결단을 내리는 것이 중요하다. 나중에 이러쿵저러쿵 생각할 필요 없다.

'그렇군, 그것은 대인관계를 위한 연습, 복잡한 교차로를 건

너는 연습이었구나. 그때 그런 식으로 생각하지 못했구나!'라는 생각이 들 수도 있지만, 이때 중요한 것은 그 후회에 매몰되지 말고 앞으로 한 걸음 더 나아가야 한다는 것이다. 이렇게 말이다.

'그래도 어쩔 수 없잖아. 그때는 깨닫지 못했으니… 대신 앞으로의 생활에서 대인관계 연습을 해보자!'

과거는 달라지지 않지만 앞으로의 일은 얼마든지 바꿀 수 있지 않겠는가?

☀ ————————

늘 '이것이 최선!'이라고 생각하면
후회가 없다

'마음의 정리'는 정말 중요하다.

예를 들어 여러분 중에 입시에 떨어져서 원하는 학교에 결국 가지 못하거나, 제2지망 학교에 가는 학생들이 있게 될 것이다. 정말 흔히 있는 일이다.

문제는 원하는 대학에 들어가지 못했다는 사실에 언제까지나 연연해하는 경우다. 거기에 들어갔다면 빛나는 일상이 펼쳐졌을 것 같아서 '이 학교는 시시해'라든지 '재미없어'라고 후회만 가득한 우울한 생활을 보내는 경우들 말이다.

반면 '원하는 학교에 들어가지 못했던 것도 내 실력. 여기에 들어온 것도 내 실력. 그러니까 여기에서 충실한 학교생활을 보내자'라고 즐기는 학생도 있을 것이다. 과연 두 경우 중에서, 어느 쪽이 알찬 대학생활을 보낼 수 있을까?

이루지 못했던 꿈에 계속 연연해봤자 아무 소용이 없다. 이루지 못했던 일은 빨리 정리하고, 마음을 다른 쪽으로 전환해야 한다. 뭔가 잘 안 될 때는 다음으로 할 수 있는 최선이 무엇인지 생각해야 한다.

만약 차선책도 잘 안 되면? 그다음 최선은 무엇인지를 생각하면 그만이다. 그때그때 최선의 길을 선택해 나가는 것이 중요하다는 뜻이다.

제2지망이라는 것은 세상의 수없이 많고 많은 학교 중에서 자신이 두 번째로 가고 싶다고 선택한 곳일 뿐이다. 어쩔 수 없는 선택이 아니다. 단지 첫 번째 선택지가 없어진 지금, 그것이 최선이었을 뿐이다.

늘 '지금 있는 선택지 중에서 최선을 선택하고 싶다' 혹은 '지금 할 수 있는 최선을 다했다'라고 말할 수 있으면, 그 결과 때문에 후회하는 일은 그다지 없을 것이다.

이런 재빠른 전환 능력은 특히 앞으로의 시대에 점점 더 필요하다. 인생을 살아가는 능력이기 때문이다.

☀ ─────────

전환하는 능력은
현실을 바꾸어준다

미국의 실업가 데일 카네기의 책 『길은 열린다』 속에는 다음과 같은 구절이 있다.

'운명이 레몬을 건네면, 레모네이드를 만들어라.'

여러분도 알다시피 레몬은 맛이 시다. 여기서의 레몬은 '우리에게 닥친 별로 달갑지 않은 것', 구체적으로는 시련과 고통을 비유한 것이다. 즉, 카네기는 운명이 시련을 주었다면 불평하기보다는 '레몬 따위가 있어도…'라고 생각하며 시련을 어떻게 활용할지 고민하라고 말하는 것이다. 레몬은 시큼하지만 달고 맛있어 누구나 좋아하는 레모네이드를 만들 수도 있으니까 말이다. 이처럼 달갑지 않은 것도 우리는 충분히 기회로 삼을 수 있다.

나에게는 우즈베키스탄 친구가 한 명 있는데, 어느 날 친구가 사귀는 여자와 헤어졌다는 것이었다.

"그랬구나. 상처 입었겠네. 괜찮아?"

내가 걱정돼 물으니 친구가 이렇게 대답했다.

"응, 벌써 회복됐어. 버스는 또 올 거야."

"흐음… 우즈베키스탄에 그런 속담이 있어?"

쿨한 대답에 내가 놀라 묻자 친구가 어깨를 으쓱이며 말했다.

"아니, 속담이 아니야. 스스로 그렇게 생각하는 것이지."

나는 친구의 '버스는 또 온다'는 말이 마음을 전환할 때 사용하기 좋은 말이라고 생각했다. 티셔츠에 인쇄해서 입고 다니고 싶을 정도로 말이다.

좌절해서 풀이 죽어 있는 것도, '버스는 또 온다'고 훌훌 털어버리는 것도 실연당했다는 사실에는 변함이 없다. 하지만 '버스는 또 올 거야', '더 좋은 만남이 있겠지'라고 생각할 수 있다면 우리 인생은 밝아질 수밖에 없다. 이 또한 전환하는 힘인 것이다.

인생을 살아가는 데 있어 '이것밖에 없다'고 말할 만한 것은 거의 없다는 것을 명심하자.

전환하는 힘이란 현실을 바꿔나가는 발상, 사고방식이다. 실제로 살아가다 보면 자신의 힘만으로는 도저히 어쩔 수 없는 일이 우리에게 닥칠 때가 있다. 인생이 너무 불공평하다고 말하고 싶어지는 일도 있을 것이다.

하지만 어떻게 마음먹느냐에 따라 충분히 현실을 바꿀 수 있다. 좋지 않은 결과, 달갑지 않은 현실을 전환할 수 있는 말을 떠올리면 마음이 든든해질 것이다.

인생은
어느 쪽으로 굴러가도 괜찮아!

여러 가지 예를 들었지만, 여러분의 앞날이 잘 풀리면 그보다 좋은 일이 어디 있겠는가? 서클 활동이 즐겁기만 하면 더할 나위 없을 것이다. 제1지망인 학교에 갈 수 있으면 열심히 공부한 보람을 느낄 것이다. 실연 따위 하지 않고 좋아하는 사람과 잘 사귈 수 있다면 훨씬 행복할 것이다. 하지만 앞으로 무슨 일이 있을지는 그 누구도 모른다.

그럼에도 불구하고 인생은 어느 쪽으로 굴러가도 괜찮다. 어떻게든 굴러가게 되어 있기 때문이다.

나 자신도 돌이켜보면 대학 입시에 낙방했을 때 정말 큰 충격을 받았다. 대학원까지 가서 열심히 연구를 했는데도 불구하고 어디에도 취직이 안 될 때도 엄청나게 좌절했었다. 만일 그때 마음을 고쳐먹고 재정비하지 않았더라면 지금의 나는 없었을 것이다.

이처럼 전환하는 능력이 있으면 얼마든지 새로 시작할 수 있다. 그것이 인생을 살아가는 힘이다.

내가 대학교에서 가르친 학생 중에 취업 활동이 잘 풀리지 않는 학생이 있었다. 도전하고 도전해도 낙방의 연속이었다. 불합격 통지를 계속해서 받다 보면 자신은 구제 불능이라는, 세상에 필요 없는 사람이라는 생각이 들 수도 있다.

하지만 어디든 취직을 해야 하기 때문에 좌절만 하고 있을 수는 없다. 기분을 바꾸어 다음으로 나아가야 한다. 그렇게 제자는 계속 이력서를 넣고 면접을 보았다. 무려 50번의 낙방을 경험했지만, 제자는 포기하지 않았고, 마침내 51번째 회사에 채용이 되었다.

그러나 '잘됐다'고 안심한 것도 잠시, 입사한 회사에 재정적 위기가 닥쳐 얼마 못 가 월급을 못 받는 지경에 이르렀다. 제자는 또다시 다른 선택지를 찾아야 했고, 결국 선생님이 되겠다고 결심하고 교원임용고사를 치기 위한 공부를 다시 시작해 지금은 교사로서 멋지게 활약하고 있다.

그런 제자가 언젠가 내게 이렇게 말했다.

"그때 취직한 회사가 월급을 지불해주지 않아서 정말 다행이에요. 그래서 교사가 되기로 결심을 했으니까요."

'그럴 거였으면 처음부터 교사가 되는 길을 선택했으면 좋았지 않았을까?'라고 생각하는 사람도 있을 수 있다. 물론 그랬다면 수많은 역경을 거치지 않았을지도 모른다.

하지만 이런 과정을 거쳐 교사가 될 결심을 했기 때문에 제자는 '교사로서 분발하자'라는 굳은 결심을 할 수 있었던 것이다.

학생들을 가르치는 일은 무척 힘들다. 하지만 제자는 힘든 일이 있어도 간단히 '그만두고 싶다'고 생각하지 않게 되었다고 한다. 이미 여러 역경을 겪으면서 교사라는 직업에 최선을 다하겠다는 각오가 생겼기 때문이다.

힘든 우여곡절을 겪어도 '오히려 다행이다. 그랬기 때문에 지금의 내가 있다'라고 생각할 수 있다면, 그때까지의 힘들었던 일도 좋은 경험이었다고 긍정적으로 받아들일 수 있다.

즉, 벌어진 일은 바뀌지 않아도 마음먹기에 따라 생각을 전환할 수 있다는 것이다. 이런 능력이 있으면 미래뿐만 아니라 과거의 경험도 재구성할 수 있다.

'차라리 잘됐다', '오히려 즐겁다'고
긍정적으로 생각하자

사물을 부정적으로만 바라보지 않고 완전히 방향을 바꿔 긍정적인 사고할 수 있으면 마음이 매우 편안해진다. 따라서 '차라리 잘됐다', '오히려 즐겁다'는 관점으로 전환하는 것이 중요하다. '차라리'나 '오히려'라고 생각하는 습관을 들이는 것이다.

학교에서 집으로 오는 길에 갑자기 폭우가 내리기 시작했다고 상상해보자. 속옷까지 흠뻑 젖을 정도로 말이다. 하지만 '이렇게 물을 뒤집어쓰다니 오히려 재밌네!'라고 생각하면 그렇게 불쾌한 일만은 아니게 된다.

간절히 가지고 싶었던 스마트폰이 품절되어 실망할 수도 있다. 하지만 얼마 후에 더 좋은 디자인에 가격까지 저렴한 상품이 새로 출시되면, '그것을 사지 못해서 오히려 행운이었다!'라고 생각이 바뀌게 된다. 제1지망 학교가 아닌 곳에 진학해도 '차라리 이곳이라서 다행이었어!'라고 마음에 드는 일이 틀림없이 있을 것이다. '저쪽 학교에서 떨어졌기 때문에 지금이 있다. 오히려 잘됐다'라고 생각하면 하루하루가 장밋빛으로 변한다.

인생에는 이런 일들이 너무나 많다. 중요한 것은 여러분이 생각을 전환할 수 있는가 아닌가에 달렸다. 특히 스포츠 세계에서는 '그때 졌기 때문에 지금의 내가 있다'고 할 수 있는 일이 정말 많다. 패배의 억울함이 분발할 수 있는 원동력이 되어 지금의 실력으로 이어지는 경우 말이다. 이러면 패배가 오히려 잘된 일이 되는 것이다.

적지에서의 축구시합에서도 상대 팀의 응원이 너무나 지나쳐 경기가 힘들다고 생각하기보다 자신들이 분발하면 경기는 더 열기를 띨 수 있다고 생각하면 된다. 이렇게 '오히려 즐겁다'고 생각하면 마음껏 실력을 발휘할 수 있다.

어떤 일이든 마음먹기에 따라서 재미있다고 생각할 수 있는 것이다.

뭐든지 '차라리 잘됐다', '오히려 즐겁다'라고 생각할 수 있게 되면, 더 이상 실패를 두려워하지 않게 된다. 실패 또한 즐겁기 때문이다.

강조하지만, 중고등학생 때 돌이킬 수 없는 실패라는 것은 절대 없다. 뭐든지 '차라리 다행이다'라고 생각하면 그만이다. '젊었을 때 고생은 사서도 한다'라는 속담이 있지만, 나는 힘든 경험을 굳이 일부러 할 필요는 없다고 생각한다.

하지만 인생이란 무엇이든 만사형통일 수만은 없다. 누구나 실수를 하기 마련이다. 공자는 잘못을 하고도 바로잡지 않는 게 바로 진짜 잘못이라고 했다. 중요한 것은 그것을 어떻게 극복하는가, 하는 삶의 방식이다.

스스로를 책망하지 말자.
절대로 죽어서는 안 된다

괴로운 상황 앞에서 '차라리 죽는 게 낫다', '죽고 싶다'고 고민하다가 진짜로 스스로 목숨을 끊어버리는 학생들을 종종 보게 된다. '선택지가 이것밖에 없다'고 생각하기 때문이다.

특히 중고등학교 때는 그때그때의 감정에 압도되어 '이제 남은 길은 이것밖에 없어', '이렇게 할 수밖에 없어'라는 착각에 빠지기 쉽다. 다른 선택지도 있다는 사실을 미처 깨닫지 못하는 것이다.

실제로 여러분 나이 때는 '죽고 싶다'는 말을 가볍게 내뱉는다. 진심으로 그렇게 생각하지 않으면서도 괴로운 상황에 지쳐서 문득 도망가고 싶어질 때면 자기도 모르게 이런 말을 내

뱉곤 한다.

하지만 말이라는 것은 힘을 지닌다. 수차례 그런 생각을 하고 노트나 SNS에 쓰는 동안 정말 그렇게 할 수밖에 없다는 생각에 사로잡히는 것이다.

부정적인 생각을 해서는 안 된다. 그중에서도 가장 좋지 않은 것이 '죽음'이다. 그것은 마음의 틈새를 비집고 들어오는 독사 같은 것이다. 독사는 마음으로부터 당장 내쫓아야 한다.

자기 자신에 대해서만 그런 것이 아니다. 누군가를 향해 "죽어!", "너 같은 애는 죽어버렸으면 좋겠어!"라는 말을 던지는 것도 금물이다. 그 말이 지닌 맹독을 깨달아야 한다.

세상에는 병이나 사고로 일찍 죽는 사람이 무척 많다. 목숨이라는 것은 신에게 받은 것이며, 수명이라는 것은 어떻게 할 수 있는 것이 아니다. 인간은 지혜를 발휘해 수많은 것들을 실현하게 되었지만 목숨은 절대 자기 마음대로 끊어서는 안 된다.

이 세상에 생을 부여받은 자로서 첫 번째 의무는 주어진 목숨을 끝까지 살아내는 것이다.

'죽으면 편안해지지 않을까?'라는 생각을 갖지 말자.

절대로 스스로 죽지 말아야 한다.

이것이야말로 중고등학생 여러분이 지켜야 하는 가장 중요한 사항이다. 최소한의 의무다. 그러기 위해서는 스스로를 책망하는 생각을 갖지 않는 것이 중요하다.

'역연(逆緣)'이라는 말을 아는가?

보통은 나이 많은 사람이 먼저 죽는 법인데, 자식이 먼저 세상을 떠나는 것을 '역연'이라고 한다. 이보다 부모에게 슬프고 괴로운 일이 또 있을까? 자식이 자살하면 부모는 깊은 상처를 입고 평생 괴로워하면서 살아가야 한다. 이보다 불효막심한 일이 어디 있겠는가?

부모가 싫어서 자살하려는 경우, 반대로 부모에게 걱정을 끼치고 싶지 않아서 자살하려는 경우, 부모에게 자신이 학교에서 왕따를 당하고 있다는 사실을 알리고 싶지 않아 목숨을 끊으려는 경우 등등 학생들은 이런저런 이유로 스스로 죽음을 선택하려 한다. 하지만 부모 입장에서는 왜 말해주지 않았는지 절대 이해할 수 없는 일이다.

자식의 자살은 부모를 지옥의 밑바닥까지 떨어뜨린다. 다시 일어설 수 없을 정도로 큰 충격을 준다. 자식을 둔 부모의 진정한 바람은 그저 살아 있어 주기만 하면 된다. 그것만으로 충분하다.

본인의 성격상 우울해지기 쉽거나 쉽게 죽음을 생각하는 성향이라면, 가족들과 의논해서 병원을 찾아 카운슬링을 받는다든지, 개선할 방법을 반드시 찾아보아야 한다.

인간으로서의
가치란?

'나 같은 건 살아갈 의미 따위 없어.'

벼랑 끝에 몰린 사람들은 자주 이렇게 말한다. '나는 가치가 없다'는 생각에 사로잡힌 채로 말이다. 그런데 대체 그 가치란 무엇인가?

아마도 '다른 사람이 할 수 있는 일을 못한다'든지, '능력이 없다'든지, '자신 있는 것이 아무것도 없다'든지… 그런 가치 판단일 것이다.

그러나 단언컨대 인류가 이제껏 살아남은 것은 그런 가치 때문이 아니다. 그런 것은 전혀 상관없었다. 인류는 그냥 그저 살아온 것뿐이다.

나 자신에게 가치가 있는가, 능력이 있는가, 재능이 있는가… 이런 것들은 살아 있다는 사실에 비하면 아주 사소한 것에 지나지 않는다. '가치가 없으면 살아 있을 의미가 없다'는 사고방식은 처음부터 없었다.

NHK TV에서 〈병의 기원〉이라는 프로그램을 방영한 적이 있는데, 아프리카의 한 부족을 다룬 내용이었다. 여전히 전통적인 수렵 생활을 하고 있는 부족은 철저하게 평등한 시스템으로 살고 있는데, 그들은 사냥감을 잡으면 반드시 전원에게 공평하게 나눈다고 한다. 직접 사냥을 한 사람은 고생했으니 더 많이 나눠준다거나, 아이들은 작으니까 조금만 나눠준다거나 하는 차별이 전혀 없다. 모두가 평등하게 나누는 풍습을 계속 고수하고 있는 것이다.

다큐멘터리가 주목한 것은 그 부족에는 우울증에 걸린 사람이 단 한 명도 없다는 사실이었다. 방송을 보고 나는 우울증의 원인 중 하나가 '무엇을 할 수 있는지 없는지'라는 개개인의 능력으로 사람을 구분하기 때문은 아닐까 하는 생각이 들었다.

요즘 사회에서는 우울증에 걸리는 사람이 갈수록 증가하고 있다. 심지어는 어린이 중에서도 우울증에 걸리는 경우가 많다고 한다.

너는 연습이었구나. 그때 그런 식으로 생각하지 못했구나!'라는 생각이 들 수도 있지만, 이때 중요한 것은 그 후회에 매몰되지 말고 앞으로 한 걸음 더 나아가야 한다는 것이다. 이렇게 말이다.

'그래도 어쩔 수 없잖아. 그때는 깨닫지 못했으니… 대신 앞으로의 생활에서 대인관계 연습을 해보자!'

과거는 달라지지 않지만 앞으로의 일은 얼마든지 바꿀 수 있지 않겠는가?

다른 사람과의 사이에서 가치의 유무와 능력이 많고 적음 같은 것으로 차별당하고 격차가 벌어지는 일이 매우 많기 때문에 쉽게 스트레스를 받는지도 모른다.

물론 다른 사람은 멋진 삶을 사는데 나만 궁상맞고 가난하면 기분이 나쁠 수밖에 없다. 부러운 생각이 들기도 하고 샘이 나기도 한다. 하지만 모두가 공평하게 가난하면 별로 신경 쓰이지 않을 것이다. 누구나 다 마찬가지니 사이가 나쁠 수가 없다.

이처럼 모두 같이 나누고, 할 수 있는 사람이 할 수 있는 것을 해서 모두를 먹여 살린다는 사고방식이 있었기 때문에 인류는 지금까지 생존할 수 있었던 것일지도 모른다.

아마 능력으로 사람을 구분한다는 사고방식, 능력에 따라 가치가 있고 없고를 판별하는 사고방식이 자리 잡고 있었다면 인류는 지금까지 살아남지 못했을 것이다.

능력이 있기 때문에 훌륭하다든지, 가치가 있다든지, 인류는 그런 기준으로 살아남은 것이 아니다.

인간은 생명체로 지구상에 태어났다.

그곳에서 할 수 있는 최선을 다해 서로 협력하면서 살아남았다. 그 사실이 소중하다.

그냥 그것만으로 충분하다. 살아갈 의미가 있다.

-☼- ─────────

머리는
행복해지기 위해 쓰자

하지만 '평등'만 중요시했다면 인간 사회는 지금처럼 진화할 수 없었으리라는 것도 사실이다. 평등을 중시하는 사람도 자신이 아무리 열심히 해도 성과를 제대로 평가받지 못하면 보람이 없다고 생각할 테니 말이다. 결국 의욕이 떨어져 열심히 일할 마음이 들지 않을 테고, 그렇게 되면 사회는 진화하거나 번영하지 않게 될 것이다.

즉, 평등만큼 경쟁 속에서의 진화도 중요하다는 뜻이다. 모든 일에는 좋은 면도 좋지 않은 면도 반드시 있기 때문에 단순히 흑백으로 나눌 수 없다. 그러므로 지혜롭게 머리를 써서 좋은 면과 좋지 않은 면, 양측 사이에서 어떻게 살아가는 것이 좋을지 고민해야 한다. 그 중간 지점에서 해결책을 찾아야 한다. 머리를 좋게 만든다는 것은 그런 것을 계속 생각하는 것이다.

진정한 의미에서 명석함이란 무엇인가?

그것은 현실을 살아가면서 부딪치는 다양한 상황에서 어떻게 하는 것이 나의 행복으로 이어질 것인지를 현명하게 판단하는 것이다. 보다 잘 살기 위해 머리를 좋게 만들어야 한다는 뜻이다. '명석함'이란 인간을 행복하게 하기 위해 써야 한다고 나는 생각한다.

행복해지는 데 머리를 써야 한다. 중요한 것은 유연함이다. 유연해질수록 사람은 강해지고 현명하게 살아남을 수 있다.

지금 자신이 할 수 있는
최선을 다하라!
잘되지 않아도 길은 또 있다.
그것을 깨닫는 것이
진정한 명석함이다.

에필로그

이 책에서는 진정한 명석함에 대해 8가지 주제로 생각해보았다. 머리를 좋게 하면 다양한 사고방식을 가질 수 있고, 그럼으로써 행복을 느낄 수 있다.

나는 명석함의 바탕에는 정열이 있다고 생각한다.

이해되지 않는 것, 잘 안 되는 것에 대해 '알고 싶다', '어떻게든 하고 싶다'고 생각하는 마음이 '어떻게 하면 좋을까?'라고 계속 생각하는 힘이 되고, 행동을 일으키는 원동력이 되기 때문이다.

정열은 머리를 좋게 하기 위한 불씨다. 마음에 불이 붙어 에너지가 활활 솟아오름으로써 뇌도 회전하기 쉬워지고, 몸의 에너지도 올라가서 행동으로 쉽게 이어진다. 이러한 긍정적인 순환이 잘되면 힘든 현실도 충분히 바꿔나갈 수 있다.

나는 학생들에게 이런 질문을 자주 한다.

"물이 부족한 아프리카의 여러 나라에서는 생활에 필요한 물을 길어 나르는 것이 아이들의 일과죠. 멀리 있는 물가까지 하루 몇 번이나 왕복해서 물을 길어야 합니다. 그래서 학교에 가고 싶어도 갈 수가 없었습니다. 그런데 한 번에 많은 물을 편하게 나를 수 있는 용기(容器)를 고안해내자 아이들은 비로소 학교에 갈 수 있게 되었습니다. 과연 어떤 아이디어였을까요?"

그때까지 멀고 먼 아프리카 아이들이 겪는 문제에 대해 관심을 가진 학생은 없었다. '어떻게 좋은 방법이 없을까?'라고 강하게 바라는 열정을 가진 사람이 없으면 구체적인 지혜는 나오지 않는다. 아무리 시간이 지나도 상황은 달라지지 않는다.

하지만 학생들을 그룹으로 나누어 토론을 시켰더니 중학생, 심지어 초등학생에서도 정답이 될 만한 뛰어난 아이디어가 쏟아졌다. 이처럼 열심히 고민하면 좋은 아이디어가 나오기 마련이다. 아프리카에서 생긴 일 따위 나와는 상관없는 남의 일이라고 생각하는가? 하지만 그것이 내 문제라면 의욕에 불타오르지 않을까?

'나는 흥미를 가질 수 있는 것이 없다'라든지 '하고 싶은 일을 찾을 수 없다'라고 생각하는 학생이 있다면, '남을 위해 나는 무엇을 할 수 있을까?'라고 생각해보면 어떨까? 세상에 부족한 무엇인가를 채워주는 것이 자신의 역할이자 사명이라고 생각한다면, 자신이 할 수 있는 것이 무엇일까 고민하지 않을까?

자기 자신만 생각하는 것이 아니라 사회의 일원으로서 자신이 할 수 있는 것에 눈을 돌리면 목적의식이나 보람을 찾기 쉽다. 무언가로 다른 사람을 기쁘게 할 수 있다는 것을 알면 자신의 존재의식을 느낄 수 있다.

10대 때 특히 중요한 것은 마음에 불을 붙이는 것을 찾고, 정열을 불러일으키는 습관을 들이는 것이다.

그러기 위해서는 무조건 여러 가지 일에 흥미를 갖자!

어떻게 하면 지금 상황을 바꿀 수 있을지, 문제를 해결할 수 있을지 계속 생각해보자!

그러한 마음의 습관을 가짐으로써 명석함을 기를 수 있다. 힘들고 어렵다고 쉽게 포기하면 안 된다. 막다른 곳에 몰렸다고 느낄지라도 계속 고민하고 궁리하는 것을 포기하지 말기 바란다.

머리가 좋아지면 인생은 점점 더 즐거워진다. 단지 공부를 잘하고 성적이 좋은 것만이 진정한 명석함이 아니라는 사실을 이 책을 읽고 깊이 공감했으면 한다. 아무리 두뇌가 명석하다는 말을 듣는 수재라도 남을 괴롭히거나 슬프게 하거나, 불행하게 만드는 판단을 한다면 두뇌를 잘못 사용하는 것일 뿐이다. 그 행동이 세상에 어떤 결과를 초래하는지 우리는 이미 잘 알고 있지 않은가?

예를 들어 이 세상에는 전쟁이 끊이지 않는다. 전쟁은 비극적인 결과밖에 초래하지 않는다는 사실을 누구나 알고 있으면서도 말이다. '이제 전쟁을 할 수밖에 없어'라는 잘못된 사고방식으로 잘못된 판단을 하는 것이다.

'지인용(知仁勇)'을 갖추고 있지 않기 때문이다.

미야자와 겐지의 〈겐주공원림(虔十公園林)〉이라는 이야기가 있다. 모든 사람이 지혜가 부족하다며 바보 취급을 받는 겐주라는 소년이 있었다. 겐주는 삼나무 묘목을 심어 울창한 숲을 만들고 싶었다. 하지만 사람들은 어리석은 짓이라고 놀리기 바빴다. 하지만 겐주는 묵묵히 삼나무를 심었고, 마침내 숲을 만들 수 있었다. 그러자 삼나무 숲은 어린이들의 좋은 놀이터가 되어 주고, 사람들이 편히 쉴 수 있는 공원이 되었다.

겐주는 누구에게서도 머리가 좋다는 말을 들은 적이 없었다. 하지만 모두를 위해 좋은 일이 무엇인지를 판단할 수 있는 사람이었다. 진정한 현명함을 지닌 지인용(知仁勇)의 사람이 었던 것이다.

진정한 명석함이란 무엇인가?

이것은 '진정으로 중요한 것은 무엇인가?'를 생각하는 것이 기도 하다.

이 책을 읽고 대답을 찾은 느낌이라면, 그것에서 그치지 말고 앞으로도 계속해서 고민함으로써 다양한 분야에서 명석함을 획득하는 삶을 살기 바란다. 인생에서 진정으로 중요한 것을 깨닫기 바란다. 그것이 행복을 잡는 방법이다.

유연한 두뇌로 명랑하게 살자.

사이토 다카시

내 아이의 머리가 좋아진다는 것

초판 1쇄 인쇄 2021년 10월 10일
초판 1쇄 발행 2021년 10월 15일

지은이 | 사이토 다카시
옮긴이 | 황혜숙
펴낸이 | 안숙녀
구성 | 아베 구미코
편집 | 신현대
디자인 | 김윤남

펴낸곳 | 창심소
등록번호 | 제2017-000039호
주소 | 영등포구 영등포로 106, 대우-매종 101동 1301호
전화 | 02-2636-1777
팩스 | 02-2636-2777
메일 | changsimso@naver.com

ISBN 979-11-91746-02-0 03370

© TAKASHI SAITO 2019